21世纪高等学校本科实验教学示范教材

文科类专业综合实验系列

出口贸易实验

Chukou Maoyi Shiyan

主　编　俞　毅

副主编　卢洪雨　童汇慧　刘凯锋

浙江工商大学出版社

图书在版编目(CIP)数据

出口贸易实验/俞毅主编. —杭州:浙江工商大学出版社,2009.4(2017.1 重印)

21 世纪高等学校本科实验教学示范教材. 文科类专业综合实验系列

ISBN 978-7-81140-048-9

Ⅰ. 出… Ⅱ. 俞… Ⅲ. 进出口贸易—贸易实务—高等学校—教材 Ⅳ. F740.4

中国版本图书馆 CIP 数据核字(2008)第 210932 号

出口贸易实验

俞　毅　主编

责任编辑　任晓燕
责任校对　张振华
封面设计　刘　韵
责任印制　包建辉
出版发行　浙江工商大学出版社
(杭州市教工路 198 号　邮政编码 310012)
(E-mail:zjgsupress@163.com)
(网址:http://www.zjgsupress.com)
电话:0571-88904980,88831806(传真)
排　　版　杭州朝曦图文设计有限公司
印　　刷　虎彩印艺股份有限公司
开　　本　787mm×960mm　1/16
印　　张　9
字　　数　159 千
版 印 次　2009 年 4 月第 1 版　2017 年 1 月第 4 次印刷
书　　号　ISBN 978-7-81140-048-9
定　　价　160.00 元(共八册)

浙江工商大学出版社营销部邮购电话　0571-88904970

总　　序

21世纪的高等教育，不仅要使学生掌握丰富的理论知识，更应注重创新能力和综合素质的培养。实验教学作为一种重要的教学手段，对培养学生的创新能力、提高学生的综合素质起到不可替代的重要作用。通过实验教学，可以使学生加深对理论知识的理解和巩固，提高学生的实践动手能力，改善学生单一的思维方式，增加学生发现问题和解决问题的途径，培养学生独立研究和创新思考的意识，从而达到创新人才培养的目标。

如何才能确保实验教学的质量？我们认为教材建设是关键，高质量的实验教学首先要有高质量的实验教材。一本好的实验教材，不但可以让学生易于从中弄懂所学知识，更能引起学生学习的兴趣，引导他们走上理论联系实际之路，培养他们深钻细研之精神。当然，实验教材有自己的特点，因为实验教学在形式上相对独立，在体系上相对灵活。目前，实验教学大致有两种类型：一是独立设课的实验教学，二是课内附设的实验教学。从总体上看，我国本科高等教育的实验教材建设还相对滞后，尤其是课内附设的实验教学通常没有规范的教材，只有一些自编的实验指导书，难以充分体现实验教学对理论教学的支撑作用。针对这种情况，我们在调查研究和反复论证的基础上，组织长期从事实验教学的有关教师编写了一套"21世纪高等学校本科实验教学示范教材"丛书。我们希望通过这套实验教材的出版，能对实验教学的规范化起到引导作用，对实验教学质量的提高起到推动作用。

本丛书包括：《法律技能综合实训》、《环境工程综合实验》、《现代物流综合实验》、《食品工程综合实验》、"文科类专业综合实验系列"（含《统计基础实验》、《财务会计实验》、《工商管理实验》、《公共管理实验》、《出口贸易实验》、《旅游管理实验》、《金融基础实验》、《现代传播实验》等分册）。本丛书力求将专业理论知识通过实验项目的设计，变为学生可以亲身感受的体会，达到活学活用、提高综合素质的目的。

"21世纪高等学校本科实验教学示范教材"，是依托我校优势学科和特色专业，在总结多年实验教学经验的基础上，精心设计、编写而成，希望能够起到抛砖引玉的作用。由于水平所限，不足乃至谬误在所难免，故请读者批评指正，以便再版时予以更正，共同推进实验教材质量不断提高。

李金昌

2008年12月于浙江工商大学

前　言

出口贸易实验是学生在完成"国际贸易实务"课程的学习后，进一步熟悉、掌握国与国之间货物买卖的有关理论与实际业务的课程。实验教学将课堂理论教学与实验室模拟操作相结合，通过计算机网络虚拟国外交易对象、工厂、银行等国际商务环境，让学生在虚拟的国际商务环境中，处理进出口业务，系统地将国际贸易实务的课堂理论应用于实际操作，了解国际贸易实务的基本概念，掌握国际贸易实务的基本程序、基本做法，熟悉进出口业务的各个环节，掌握国际上一些通行的惯例与原则。

与以往的教材相比，本教材有两个突出的特点：一是内容的系统性。以往的贸易模拟教材往往针对的是出口贸易，很少涉及进口，而且出口也大多以与国外客户、银行与运输等机构交流为主，缺乏与国内企业和相关部门的沟通。本教材适当兼顾进口贸易，以一个虚拟的进出口交易作为情景教学的内容，从进出口两方面将交易的全过程贯穿始终，将每个看似独立的训练联系成为系统的有机体。二是高度的仿真性。利用 SimTrade 外贸实习平台，让学生分别扮演出口商、进口商、供应商、出口地银行与进口地银行 5 种角色，模拟进出口贸易环境，通过对各种角色相互竞争又相互协作关系的体会，使学生理解实际业务中客户、供应商与银行之间的互动关系，了解国际贸易的物流、资金流与业务流的运作方式，从而达到熟练、全面、系统、规范地掌握进出口贸易主要操作技能的目的。

本教材由浙江工商大学经济学院国际贸易系的教师编写。俞毅教授任主编，并编写了第一、第二章，卢洪雨副教授编写了第三、第六章，童汇慧讲师编写了第四章，刘凯锋讲师编写了第五章。

本书既能作为高校国际贸易专业本科、专科学生的实验课教材，也可作为"国际贸易实务"课程的配套用书以及国际贸易方面的培训教材、自学材料、参考资料。

限于作者水平，加上时间仓促，本书难免存在缺点与不足之处，敬请读者不吝赐教。

编　者

2008 年 10 月

目　录

绪 论

随着我国对外贸易的快速发展，越来越多的中国企业开始走向世界。外贸从业人员需求量增加的同时，企业对外贸人员的素质要求也不断提高。外贸从业人员要与国外客户、银行、检验机构、保险公司、运输公司、海关、外汇管理局、税务机关等不同部门打交道，这些从业人员不仅需要有坚实的国际贸易理论基础，更需要具备较强的国际贸易实际操作能力与外贸问题的实际处理能力。因此，提高国际贸易专业学生的动手能力、专业技能成了编写本教材的指导思想。

本教材根据相关的国际贸易法律与法规，结合我国对外贸易的实际，详细阐述了进出口业务程序和操作流程。

一、实习目标

专业模拟实习是重要的实践性教学环节。通过模拟实习，学生可以熟悉外贸实务的具体操作流程，增强感性认识，并可从中进一步了解、巩固与深化已经学过的理论与方法，提高发现问题、分析问题以及解决问题的能力。

SimTrade外贸实习平台在很大程度上解决了学生实习难的问题。学生在网上进行国际货物买卖实务的具体操作，能很快掌握进出口的成本核算、询盘、发盘、还盘与接受等各种基本技巧；熟悉国际贸易的物流、资金流与业务流的运作方式；切身体会到国际贸易中不同当事人面对的具体工作与当事人之间的互动关系；学习运用各种方式控制成本的思路；认识供求平衡、竞争环境等宏观经济现象，并且能够合理地加以利用。教师通过在网站发布新闻、调整商品成本与价格、调整汇率及各项费率等方式对国际贸易环境实施调控，使学生在实习中能充分发挥主观能动性，真正理解并吸收课堂中所学到的知识，为将来走上工作岗位打下良好基础。

二、实习内容

1. 熟悉与掌握一般贸易的实际运用。

2. 学会运用网络资源宣传企业及产品，使用邮件系统进行业务磋商，掌握往来函电的书写技巧。

3. 掌握不同贸易术语在海运、保险方面的差异。在询盘、发盘、还盘、接受环节的磋商过程中，灵活使用贸易术语与结算方式，正确核算成本、费用与利润，以争取较好的成交价格。掌握国际贸易货物买卖合同履行过程中货、证、船、款等程序。

4. 根据磋商内容，正确使用贸易术语与结算方式签订外销合同。

5. 掌握四种主要付款方式，熟悉与掌握它们的结算程序与运用技巧。

6. 熟悉海洋运输方式的具体操作。

7. 正确填写各种单据。

8. 根据磋商内容做好备货工作，正确签订国内购销合同。

9. 掌握开证、审证、审单的要点。

10. 学会合理利用各种方式控制成本以达到利润最大化的策略。

11. 掌握国际贸易的物流、资金流与业务流的运作方式，体会国际贸易中不同当事人的不同地位、面对的具体工作与互动关系。

三、实习要求

1. 对机器设备的要求。

(1) 内存 128M 以上。

(2) 显示器的分辨率 800×600 以上，推荐 1024×768。

(3) Internet 浏览器的版本 6.0 以上。

(4) 对操作系统为 XP 的用户，请先阅读在线帮助的常见问题。

(5) 使用软件：SimTrade。

2. 遵守相关法律法规，不得在网上发表违法言论。

3. 按实习内容认真进行准备，积极开展调查活动，刻苦学习。在实习期间应尽可能地多做业务，熟练掌握进出口业务相关环节的主要业务及操作技巧。

4. 学生根据老师的安排扮演出口商与进口商的角色，如时间充裕应尝试工厂、进口地银行与出口地银行等角色的工作。每个角色必须完成以下任务。

(1) 出口商：至少完成 4 笔以上出口业务(L/C、D/P、D/A、T/T 各 1 笔)。

(2) 进口商：至少完成 4 笔以上进口业务(L/C、D/P、D/A、T/T 各 1 笔)。

(3) 工厂：至少完成 3 笔以上买卖合同。

(4) 进口地银行：完成信用证申请书的审核及开证、审单等操作环节。

(5) 出口地银行：完成审证、审单。

5. 就下述具体业务操作完成实习报告。

(1) 独立进行业务规划。

(2) 掌握利用网络资源来寻找有利信息的基本技巧，利用网络发布广告、搜索信息。

(3) 同业务伙伴建立合作关系。
(4) 成本、费用、利润的核算。
(5) 询盘、发盘、还盘、接受。
(6) 外销合同的签订。
(7) 信用证的申请与开证。
(8) 信用证的审证与改证。
(9) 国内买卖合同的签订。
(10) 租船订舱。
(11) 进出口货物保险及索赔。
(12) 办理进出口报检事宜。
(13) 办理进出口报关事宜。
(14) 缮制报检、报关、议付单据。
(15) 银行处理议付、结汇。
(16) 办理出口核销退税。
(17) 常用贸易术语(FOB、CFR、CIF)的具体实施。
(18) 常用结算方式(T/T、D/P、D/A、L/C)的具体实施。

第一章　进出口贸易流程介绍

国际贸易是以进出口合同，即国际货物买卖合同为中心开展的。进出口商从准备进出口一批货物到完成交易取得货物为止，必须经过多个具体环节。进出口贸易模拟实验提供了一个高度仿真的环境，使学生熟悉进出口贸易流程，学习并掌握从事外贸业务的基本方法。

本章将结合不同的支付方式，对进出口贸易流程作进一步介绍，重点将介绍L/C方式下的进出口贸易流程。

第一节　L/C方式下的进出口贸易流程

一、信用证支付方式的特点

信用证是指开证银行应申请人的要求并按其指示，向第三者开具的载有一定金额，在一定期限内凭符合规定的单据付款的书面保证文件。信用证支付方式的特点有以下几个方面。

1. 信用证是一种银行信用，开证银行负首要付款责任。
2. 信用证是一项自足文件，信用证一经开立，是独立于合同以外的约定。
3. 信用证是一种纯单据买卖，银行只审查单据，不过问货物。

二、L/C方式下的进出口贸易流程

从签订外销合同到租船订舱、检验、产地证、保险、送货、报关、装船出口，直至押汇（或托收）、交单、结汇、核销、退税，是每笔进出口业务必经的过程。SimTrade外贸实习平台模拟了最常用的结算方式（L/C、T/T、D/P或D/A）与最常用贸易术语（FOB、CFR、CIF）的进出口贸易实务。下图1-1以CIF下的L/C方式为例，分别列出在SimTrade环境里，出口地银行、出口商、进口商、进口地银行的进出口合同的履约过程。

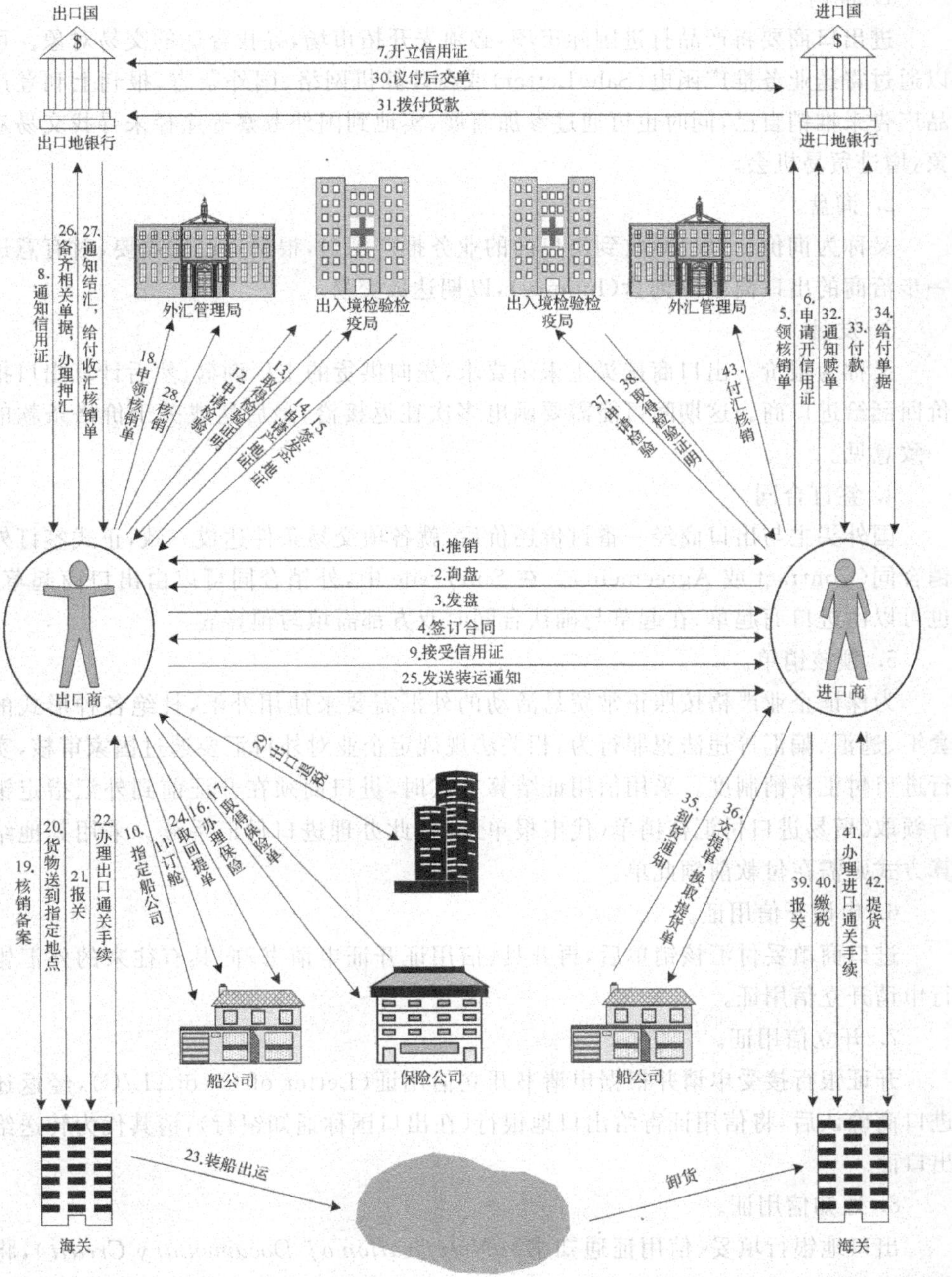

图 1-1 L/C 方式贸易实务流程图

1. 推销。

进出口商要将产品打进国际市场,必须先开拓市场,寻找合适的交易对象。可以通过寄送业务推广函电(Sale Letter)或在计算机网络、国外杂志、报刊上刊登产品广告来推销自己,同时也可通过参加商展、实地到国外考察等途径来寻找交易对象,增进贸易机会。

2. 询盘。

又称为询价。进口商收到出口商的业务推广函电,根据自己的需要,对有意进一步洽商的出口商予以询盘(Inquiry),以期达成交易。

3. 发盘。

又称为报价。出口商按买主来函要求,先向供货的工厂询盘,然后计算出口报价回函给进口商。这期间可能需要函电多次往返接洽,最后达成关于价格条款的一致意见。

4. 签订合同。

国外买主与出口商经一番讨价还价后,就各项交易条件达成一致,正式签订外销合同(Contract 或 Agreement)。在 SimTrade 中,外销合同可以由出口商起草,也可以由进口商起草,在起草与确认合同时双方都需填写预算表。

5. 领核销单。

为保证企业严格按照正常贸易活动的外汇需要来使用外汇,杜绝各种形式的套汇、逃汇、骗汇等违法犯罪行为,相关法规规定企业对外付汇要通过国家审核,实行进口付汇核销制度。采用信用证结算方式时,进口商须在开证前到外汇指定银行领取《贸易进口付汇核销单(代申报单)》,凭此办理进口付汇手续。采用其他结算方式则需在付款前领此单。

6. 申请开信用证。

进口商填妥付汇核销单后,再开具《信用证开证申请书》向其有往来的外汇银行申请开立信用证。

7. 开立信用证。

开证银行接受申请并根据申请书开立信用证(Letter of Credit;L/C),经返还进口商确认后,将信用证寄给出口地银行(在出口国称通知银行),请其代为转送给出口商。

8. 通知信用证。

出口地银行填妥《信用证通知书》(*Notification of Documentary Credit*),将信用证通知出口商。

9. 接受信用证。

出口商收到通知银行送来的信用证后，在审核无误，接受信用证后，即可开始备货、装船等事宜。如信用证有误，可要求进口商修改。

10. 指定船公司。

在CIF或CFR术语下，出口商一边备货，一边还要寻找合适的船公司，以提前做好装运准备；在FOB术语下，此步骤则应由进口商完成。

11. 订舱。

确定好船公司后，出口商应根据相应的船期，配合装运期限进行订舱，经船公司接受后发给配舱通知，凭此填制其他单据，办理出口报关及装运手续。

12. 申请检验。

出口商根据信用证的规定填写《出境货物报检单》(*Application for Certificate of Export Inspection*)，并备齐商业发票、装箱单等相关文件向出入境检验检疫局申请出口检验。

13. 取得检验证明。

在检验机构对商品检验合格后，签发《出境货物通关单》，根据出口商的要求，签发相应的商检证书，如品质证书、健康证书等。

14. 申请产地证。

出口商需向相关单位申请签发产地证，其中《原产地证明书》(*Certificate of Origin*)与《普惠制产地证明书》(*Generalized System of Preferences Certificate of Origin "Form A"*)应向出入境检验检疫局申请，而《输欧盟纺织品产地证》则应向商务部授权的纺织品出口证书发证机构申请。

15. 签发产地证。

根据出口商的申请，相关机构审核后，签发相应的产地证书。

16. 办理保险。

在CIF术语下，保险由出口商办理，出口商须根据信用证的规定填写《货物运输保险投保单》(*Cargo Transportation Insurance Application*)，并附商业发票向保险公司投保。

注意：交易条件如是CIF，保险才由出口商办理；若是FOB或CFR，则应由进口商办理保险。

17. 取得保险单。

保险公司承保后，签发《货物运输保险单》(*Cargo Transportation Insurance Policy*)给出口商。

18. 申领核销单。

我国法律规定：境内出口单位向境外出口货物，均应当办理出口收汇核销手续。出口商在报关前，需到外汇管理局申领《出口收汇核销单》。

19. 核销备案。

填妥核销单后，出口商即可凭此向海关申请核销备案。

20. 货物送到指定地点。

出口商办完以上各项手续后，将货物送抵指定的码头或地点，以便报关出口。

21. 报关。

送出货物后，出口商填妥《出口货物报关单》并备齐相关文件（出口收汇核销单、商业发票、装箱单、出境货物通关单等），向海关投单报关。

22. 办理出口通关手续。

海关审核单据无误后即办理出口通关手续，签发加盖验讫章的核销单与报关单（出口退税联）给出口商，以便其办理核销与退税。

23. 装船出运。

通关手续完成后，货物即装上船，启航。

24. 取回提单（B/L）。

船公司须等到货物已装上船（B/L 上有记载 On Board Date）并在船启航后才签发提单，货物出运后，出口商就可到船公司领取《海运提单》（*Bill of Lading*；B/L）。

25. 发送装运通知。

出口商将货物运出后，应向买主寄发装运通知（Shipping Advice）。尤其是在 FOB、CFR 术语下，当保险由买方自行负责时，出口商须尽快发送装运通知，以便买方凭此办理保险事宜。

26. 备齐相关单据，办理押汇。

货物装运出口后，出口商按 L/C 的规定，备妥相关文件（商业发票、装箱单、海运提单、货物运输保险单、商检证书、产地证、信用证等），并签发以进口商为付款人的汇票（Bill of Exchange），向出口地银行要求押汇（Negotiation）。以出口单据作为质押，向银行取得融资。

27. 通知结汇，给付收汇核销单。

押汇单据经押汇银行验审与信用证的规定相符后，即拨付押汇款，通知出口商结汇，同时押汇银行收取一定押汇费用。此外，银行还将出具加盖“出口收汇核销专用联章”的《出口收汇核销专用联》给出口商。

28. 核销。

出口商凭出口收汇核销专用联及其他相关文件（出口收汇核销单送审登记表、报关单、出口收汇核销单、商业发票等）向外管局办理核销，外管局发还出口收汇核销单(第三联)。

29. 出口退税。

核销完成后,出口商再凭出口收汇核销单(第三联)、报关单(出口退税联)与商业发票前往国税局办理出口退税。

30. 议付后交单。

押汇银行议付后,将押汇单据发送到国外开证银行,要求偿付押汇款。

31. 拨付货款。

开证银行审核信用证条款与各类单据后,拨付押汇款(即承兑)给出口地银行。

32. 通知赎单。

开证银行要求进口商缴清货款。由于当初进口商在向开证银行申请开立信用证时,大部分的信用证金额尚未付清,而出口商已经在出口地押汇(抵押融资),所以开证银行通知进口商缴清余款,将押汇单据赎回。

33. 付款。

进口商向开证银行缴清货款,同时须将之前领取的贸易进口付汇核销单交给银行审核。

34. 给付单据。

进口商付款后,向开证银行取回所有单据(即出口商凭以押汇的文件)。

35. 到货通知。

此时,货物已运抵进口国的目的港,船公司通知进口商换取提货单。

36. 交提单,换取提货单。

进口商向船公司缴交提单(B/L)换取提货单(Delivery Order;D/O),尤其当进口商是在FOB术语下买入货物时,进口商唯有向船公司缴清运费及杂费,并将B/L向船公司换取D/O,才能向海关提出要求报关,表明进口商已获得船公司的同意可以提领货物。

37. 申请检验。

进口商填写《入境货物报检单》(*Application for Certificate of Import Inspection*),并备齐提货单、商业发票、装箱单等文件向出入境检验检疫局申请进口检验。

38. 取得检验证明。

检验机构经对商品检验合格后,签发《入境货物通关单》给进口商。

39. 报关。

进口商备齐进口货物报关单、提货单、商业发票、装箱单、入境货物通关单、合同等文件,向海关报关。

40. 缴税。

进口商向海关缴清各项税款,应纳税捐包括进口关税、增值税与消费税等。

41. 办理进口通关手续。

海关审单通过,办理进口通关手续。

42. 提货。

海关放行后,进口商即可至码头或货物存放地提领货物。

43. 付汇核销。

最后,进口商还要凭进口付汇到货核销表、进口货物报关单及进口付汇核销单到外汇管理局办理付汇核销。

第二节 其他方式下的进出口贸易流程

T/T,即电汇,是汇付的一种,是指汇出行应汇款人的申请,用加押电报或电传的形式指示汇入行付款给收款人的一种汇款方式。

D/P,即付款交单,是指代收行提示跟单汇票后,只有在进口商付清货款后,才能将货运单据交给进口商的一种交单方式。按付款时间的不同,付款交单又可以分为即期付款交单与远期付款交单。

D/A,即承兑交单,是指进口商在远期汇票上承兑后,即可向银行领取货运单据,然后于汇票到期日再行付款。

一、D/P 与 L/C 的区别

在 D/P 方式下,进口商不需向银行申请开立信用证,有关信用证部分的流程都可省去。出口商在办完报关等手续后,不再采用“押汇”方式向银行交付单据,而是采用“托收”方式,出口地银行也不需垫付款项。进口地银行同样也不需垫付款项,可直接通知进口商前来付款赎单。进口商付款后,银行才能通知出口商结汇。

二、D/A 与 L/C 的区别

在 D/A 方式下,进口商不需向银行申请开立信用证,有关信用证部分的流程都可省去。出口商在办完报关等手续后,不再采用“押汇”方式向银行交付单据,而是采用“托收”方式,出口地银行也不需垫付款项。进口地银行同样也不需垫付款项,可直接通知进口商前来赎单;进口商赎单时不需付款,可先承兑,在汇票到期日前付款即可。进口商付款后,银行才能通知出口商结汇。

三、T/T 与 L/C 的区别

在 T/T 方式下，进口商不需向银行申请开立信用证，有关信用证部分的流程都可省去。出口商在办完报关等手续后，不再采用“押汇”方式向银行交付单据，而是在“单据列表”页面中直接将单据送至出口商。进口商收到单据可直接办理相关手续，待销货收回资金后再付款给出口商。进口商付款后，银行才能通知出口商结汇。

四、进出口流程的不同

D/P、D/A、T/T 与 L/C 方式下的进出口流程大致相同，不同之处在于：

1. 出口商。

(1) 在 D/P、D/A、T/T 支付方式下，出口商不需要审核信用证，而 L/C 方式出口商需审核信用证。

(2) T/T 方式下，出口商交单给进口商；D/P、D/A 方式下，出口商交单到出口地银行。

2. 进口商。

(1) 在 D/P、D/A、T/T 支付方式下，进口商不需要申请开信用证。

(2) 在 T/T 方式下，出口商直接寄单给进口商；D/P、D/A 方式下，须在进口地银行付款赎单。

3. 出口地银行。

(1) 在 D/P、D/A、T/T 支付方式下无须接收信用证。

(2) T/T 方式下，因出口商直接寄单给进口商，故出口地银行不用接收出口商交来的议付单证，也不用将该单寄到进口地银行。

4. 进口地银行。

(1) 在 D/P、D/A、T/T 支付方式下，进口地银行不用接收进口商的开证申请，不用开立信用证，不用通知出口地银行。

(2) T/T 方式下，出口商直接寄单给进口商。D/P、D/A 方式下，在发送议付单证时，自动通知进口商付款赎单。

(3) 在 D/P、D/A、T/T 支付方式下，进口商付款赎单后，方付款到出口地银行。

第三节 国内采购流程

出口商与进口商签订合同的同时，就应开始准备货物，下面以图 1-2 为例，对国内采购的具体流程加以说明。

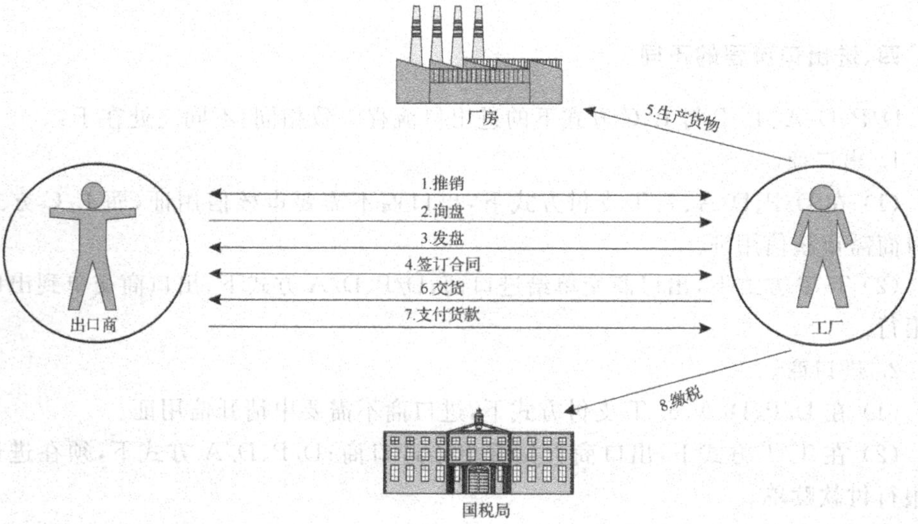

图 1-2 国内采购流程图

一、推销

产品制造商与出口贸易商都需要积极开发市场，寻找贸易对象，可寄送业务推广函(Sale Letter)或在计算机网络、杂志、报刊上刊登产品广告来推销自己，同时可通过参加商展等途径寻找交易对手，增进贸易机会。

二、询盘

出口商收到工厂的业务推广函或看到广告后，根据自己的需要，对有意进一步洽商的工厂予以询盘，以期达成交易。

三、发盘

工厂按买主来函要求，计算报价回函给出口商。这其间，可能需要函电多次往返接洽，最后得到关于价格条款的一致意见。

四、签订合同

交易双方经一番讨价还价后，正式签订国内买卖合同（Contract 或 Agreement）。在 SimTrade 中，买卖合同可以由出口商起草，也可以由工厂起草。

五、生产货物

签约后，工厂即着手生产货物。

六、交货

生产完成后，工厂依合同放货给出口商。

七、支付货款

工厂放货的同时，出口商支付货款，交易完成。

八、缴税

合同完成后，工厂还需到国税局就该笔合同的收益缴付税款，增值税税率与综合费用费率可在“淘金网”的“其他费用”中查到，以合同金额乘以税率就得到税款。

第二章 交易磋商

在熟悉了履约流程之后，就可以开始实习了，在实习过程中可随时参考系统的在线帮助。

本章为一套完整的 SimTrade 实际业务操作实例，交易方式为 L/C + CIF，由于不同交易方式下贸易流程不尽相同，本例中的数据资料与单据内容仅供参考，请依具体情况完成实际操作。

第一节 交易准备

一、实验目的与要求

1. 了解软件系统的基本用法。

2. 学生以具体的角色登录并注册公司（银行）名称，在“资料”中输入必要的信息。

3. 熟悉各角色基本画面，掌握广告宣传与市场调查的方法。

二、实验的主要内容

国际贸易的基本程序可以概括为交易前的准备、交易磋商、合同签订、合同履行四个阶段。

（一）交易前的准备

交易前的准备是四个阶段中的第一个，也是整个交易的基础。国际贸易交易前的准备主要包括国外市场调查、选择合适的产品、市场与客户、制定进出口商品经营方案、与客户建立业务关系。

1. 国际市场调研的内容。

企业进出口商品离不开国际市场，需以国际市场为其广阔的活动空间。出口商要使自己的产品打入国际市场并且畅销不衰，或进口商希望以较低的价格购进所需的商品，各类企业必须对国际市场进行调研，了解国际市场，以便制定有效的市场营销决策，实现企业的经营目标。

从商品进出口贸易的角度看，国际市场调研主要包括：国际市场环境调研、国际市场商品情况调研、国际市场营销情况调研、国外客户情况调研等。

（1）国际市场环境调研。企业开展国际商务进行商品进出口如同军队作战，首先需了解商务市场环境，做到知己知彼，百战不殆。企业对国际市场环境调研的主要内容为：①国外经济环境，包括一国的经济结构，经济发展水平，经济发展前景、就业、收入分配等；②国外政治和法律环境，包括政府的重要经济政策，政府对贸易实行的鼓励、限制措施，特别是有关外贸方面的法律法规，如关税、配额、国内税收、外汇限制、卫生检疫、安全条例等；③国外文化环境，包括使用的语言、教育水平、宗教、风俗习惯、价值观念等；④其他，包括国外人口、交通、地理等情况。

（2）国际市场商品情况调研。企业要把产品打入国际市场或从国际市场进口产品，除需了解国外市场环境外，还需了解国外商品市场情况，主要有：①国外市场商品的供给情况，包括商品供应的渠道、来源，国外生产厂家、生产能力、数量及库存情况等；②国外市场商品需求情况，包括国外市场对商品需求的品种、数量、质量要求等；③国际市场商品价格情况，包括国际市场商品的价格、价格与供求变动的关系等。

（3）国际市场营销情况调研。国际市场营销情况调研是对国际市场营销组合情况的调研，除上述已经提到的商品及价格外，一般还应包括：①商品销售渠道，包括销售网络设立、批零商的经营能力、经营利润、消费者对他们的印象、售后服务等；②广告宣传，包括消费者购买动机、广告内容、广告时间、方式、效果等；③竞争分析，包括竞争者产品质量、价格、政策、广告、分配路线、占有率等。

（4）国外客户情况调研。每个商品都有自己的销售（进货）渠道，销售（进货）渠道是由不同客户组成的。企业进出口商品必须选择合适的销售（进货）渠道与客户，做好国外客户的调查研究。一般说来，商务企业对国外客户的调查研究主要包括以下内容：①客户政治情况，主要了解客户的政治背景、与政界的关系、公司企业负责人参加的党派及对我国的政治态度。②客户资信情况，包括客户拥有的资本与信誉。资本指企业的注册资本、实有资本、公积金、其他财产以及资产负债等情况；信誉指企业的经营作风。③客户经营业务范围，主要指客户的公司企业经营的商品及其品种。客户公司、企业业务指客户的公司企业是中间商还是使用户、专营商还是兼营商等。客户经营能力指客户业务活动能力、资金融通能力、贸易关系、经营方式和销售渠道等。

2. 国际市场调研的渠道与方法。

国际市场调研是复杂细致的工作，需有严格、科学的程序与方法。

(1) 国外市场调研。企业进行国外市场环境、商品及营销情况调查一般可通过下列渠道、方法进行:派出国推销小组深入国外市场以销售、问卷、谈话等形式进行调查(一手资料);通过各种媒体(报刊、杂志、新闻广播、计算机数据库等)寻找信息资料(二手资料);委托国外驻华或我驻外商务机构进行调查。

通过以上调查,企业基本上可以解决目标市场的定位、产品选择、价格确定等问题。

(2) 国外客户调研。国外客户调研主要指对客户资信情况调查,一般通过以下途径进行:委托国内外咨询公司对客户进行资信调查;委托中国的银行及其驻外分支机构对客户进行资信调查;通过我外贸公司驻外分支机构或商务参赞、代表处对客户进行资信调查;利用交易会、洽谈会、客户来华谈判、派出国代表团、推销小组等对客户进行资信调查。

通过上述调查,企业可有针对性地选择客户进行交易。此外,企业在进行国外市场调查的同时,也应注意做好国内货源或需求方面的调查。

(二)制定进出口商品经营方案

进出口商品经营方案是企业对其所经营的进出口商品所做的一种业务计划安排,它可使企业有计划、有目的地顺利开展进出口贸易。进出口商品经营方案内容一般包括:

1. 商品与货源情况。包括商品的特点、品质、规格、包装,国内生产数量、可供出口数量、当前库存及国内需求量等。

2. 国外市场情况。包括国外商品生产、消费、贸易情况,主要进出口国家的交易情况,今后发展变化的趋势,国外主要市场经营该商品的基本做法、销售渠道等。

3. 经营历史情况。包括进出口商品在国际市场上所占的地位,主要进出口地区及销售情况,国内外客户的具体反映,经营该商品的经验、教训等。

4. 经营计划安排。主要包括进出口商品的数量、金额,对某国或某地区出口或进口的数量、进度等。

5. 营销策略。包括客户利用的措施、采取的贸易方式、价格的掌握、收汇方法、进出口销售的原则策略等。

进出口企业一般只在经营大宗或重点进出口商品时才逐个制定商品进出口方案;对其他商品可只按商品大类制定;对中小商品可制定内容简单的价格方案,只对市场与价格提出分析意见,规定对各个地区的进出口价格。

(三)建立业务关系

寻找合适的交易对象,与之建立长期友好业务关系是企业开展国际贸易至关重要的问题。建立业务关系的步骤一般包括:

1. 寻找客户。

国际贸易中，企业寻找客户关系的渠道方法很多，归纳起来大体有以下三种类型：

(1) 他人介绍，即企业通过委托我驻外使领馆的商务参赞、代办处或国外驻华使领馆的商务参赞、代办处、国内外各种商会、银行及有业务关系的企业介绍寻找客户。

(2) 媒体寻找，即企业利用各国商会、工商团体、国内外出版的企业名录及国内外报刊、杂志上的广告以及计算机数据库中提供的客户信息、资料查找客户。

(3) 主动出击，即通过在国内外参加或举办各种交易会、展览会的方式找到客户。

2. 建立业务关系。

企业通过各种渠道找到国外客户后，须先对客户资信情况进行调查，然后考虑选择客户与之建立业务联系。选择客户时企业必须对客户的资金、信誉、经营商品的品种及地区范围、从业人员的人数、技术水平及拥有的业务设施、经营管理水平、提供售后服务与市场情报的能力等进行综合分析排队，选择经营作风好、有经营能力、对我国态度友好的客户作为我们的基本客户并与之建立业务联系。

国际贸易中，买卖双方业务关系的建立往往是由交易一方通过主动向对方写信、发传真或 E-mail 等形式进行。建立业务关系的函件一般包括下列内容：

(1) 信息来源。即想办法取得对方的资料，可通过他人介绍、网上搜索等方式获得。

(2) 说明去函目的。如扩大交易地区、建立长期业务关系等。

(3) 说明本公司情况。包括公司性质、业务范围、宗旨、公司经营优势等。

(4) 产品介绍。产品介绍分两种情况，如果对方需求明确，此时宜选取某类特定产品，进行具体的推荐；若对方需求不明确，此时宜对企业产品整体情况(质量标准、价格、销路等)作笼统介绍(有时候可以附上商品目录、报价单或另寄样品供对方参考)。

(5) 激励性结尾。即希望对方给予回应或采取行动。

三、实验步骤与具体操作

(一)进口商

1. 以进口商角色登录。

在登录页面中输入用户名(如 xyz)，在“选择用户类型”下拉框中选择“进口商”，点“登录系统”，进入进口商业务主页面。

2. 创建公司。

(1) 点“资料”,可查看公司注册资金、账号、所属国家、单位代码、邮件地址等资料,逐项填写如下(还可自由添加图片):

公司全称:Carters Trading Company, LLC

公司简称:Carters

企业法人:Carter

电话:001-613-7893503

传真:001-613-7895107

网址:http://www.carter.com

公司地址(注意应根据所属国家来填写):P. O. Box8935, New Terminal, Lata. Vista, Ottawa, Canada

公司介绍:We are importers in all items enjoying good reputation!

注意:最好使用GIF或JPG格式的图片,尺寸建议在120×120(像素)左右。

(2) 填写完毕后,点“确定”。

3. 发布公司广告。

(1) 点“业务中心”里标志为“广告公司”的建筑物图标。

(2) 在弹出页面中点“发布广告”,逐项填写如下:

输入标题:We are importers of Canned Foodstuffs

输入关键字:Canned Foodstuffs

选择发布类型:“公司广告”

输入内容:We are importers of Canned Foodstuffs enjoying good reputation, please contact with us! E-mail: xyz2@simtrade.net

(3) 填写完毕后,点“确定”,成功发布公司广告。

注意:自己的电子邮件地址可在公司基本资料页面中查到。

4. 寻找商机。

(1) 点“淘金网”,进入查询页面,在首页上可查看通知以及各类市场信息与供求信息。

(2) 点上排的“产品展示”,可看到所有产品信息,从中选择一种或多种商品进行交易(本例中选择商品01005甜玉米罐头)。

(3) 点“公司库”,可看到所有公司信息,从中选择合适的公司作为交易对象。

5. 发布信息。

(1) 选定商品后,回到业务页面,点“发布广告”左边的“发布信息”,逐项填写如下:

输入标题:We are looking to buy CANNED SWEET CORN

输入关键字:CANNED SWEET CORN

选择发布类型:"需求信息"

输入内容:We are looking to buy CANNED SWEET CORN, please contact with us! E-mail:xyz2@simtrade. net

(2) 填写完毕后,点"确定",成功发布信息。

6. 退出登录。

点页面上方最后一个键,退出登录。

(二)出口商

1. 以出口商角色登录。

输入自己的用户名(如 xyz),在"选择用户类型"下拉框中选择"出口商",点"登录系统",进入出口商业务主页面。

2. 创建公司。

(1) 点上方的"资料",可查看公司注册资金、账号、单位代码、邮件地址等资料,其他逐项填写如下(可自由添加图片):

公司全称(中文):宏昌国际股份有限公司

公司全称(英文):GRAND WESTERN FOODS CORP

公司简称(中文):宏昌

公司简称(英文):GRAND

企业法人(中文):刘铭华

企业法人(英文):Minghua Liu

电话:0086-025-23501213

传真:0086-025-23500638

邮政编码:210005

网址:http://www. desunsoft. net

公司地址(中文):南京市北京西路嘉发大厦 2501 室

公司地址(英文):Room2501, Jiafa Mansion, Beijing West Road, Nanjing 210005, P. R. China

公司介绍:我们是一家专营食品的公司,长期以来致力于提高产品质量,信誉卓著,欢迎来函与我公司洽谈业务!

注意:最好使用 GIF 或 JPG 格式的图片,尺寸建议在 120×120(像素)左右。

(2) 填写完毕后,点"确定"。

3. 发布公司广告。

(1) 点"业务中心",再点标志为"广告公司"的建筑物图标,在弹出页面中点

“发布广告”,逐项填写如下:

输入标题:我公司经营罐头食品

输入关键字:罐头

选择发布类型:“公司广告”

输入内容:我公司长期经营罐头食品,信誉卓著,欢迎来函来电洽谈! E-mail: xyz1@simtrade. net

(2) 填写完毕后,点“确定”,成功发布公司广告。

注意:自己的电子邮件地址可在公司基本资料页面中查到。

4. 寻找商机。

点“淘金网”,进入查询页面,在首页上查看通知以及各类市场信息与供求信息,其中在进口商发布信息中可找到 Carters Trading Company, LLC 发布的求购甜玉米罐头(CANNED SWEET CORN)的信息(第一部分中进口商已发布该信息)。

5. 查看交易对象。

(1) 点“公司库”,可看到所有公司的资料。

(2) 输入关键词“Carters”,选择类别为“进口商”,点“搜索”,找到对应的公司。

(3) 点“详细情况”,查看 Carters Trading Company, LLC 的具体信息。

6. 查看交易商品。

(1) 点“产品展示”,可看到所有产品的资料。

(2) 输入关键词“甜玉米罐头”,点“搜索”,找到对应的产品。

(3) 点“详细情况”,查看商品具体资料。

7. 发布国内采购信息。

(1) 退出“淘金网”,回到业务页面。

(2) 在“业务中心”里点“广告公司”。

(3) 点“发布信息”,逐项填写如下:

输入标题:急购大量甜玉米罐头

输入关键字:甜玉米罐头

选择发布类型:“需求信息”

输入内容:我公司因客户需要,急购大量甜玉米罐头,有意者请与我公司联系! E-mail: xyz1@simtrade. net

(4) 填写完毕后,点“确定”,成功发布信息。

8. 退出登录。

点页面上方最后一个键,退出登录。

（三）工厂（如学生不安排模拟工厂角色，则跳过此步）

1. 以工厂角色登录。

输入账号（如 xyz），在“选择用户类型”下拉框中选择“工厂”，点“登录系统”，进入工厂业务主页面。

2. 创建公司。

（1）点“资料”，可查看公司账号、邮件地址等资料，其他逐项填写如下（可自由添加图片）：

公司全称：冠驰股份有限公司

公司简称：冠驰

企业法人：张驰

电话：0086-025-29072727

传真：0086-025-29072626

邮政编码：210016

网址：http://www.guch.com

公司地址：南京市中正路 651 号 3 楼

公司介绍：我公司为信誉卓著的厂商，产品深受客户喜爱，欢迎与我公司洽谈业务，我们会竭力提供您所需！

（2）填写完毕后，点“确定”。

3. 寻找商机。

点“淘金网”，进入查询页面，在首页上可查看通知以及各类市场信息与供求信息，其中在出口商发布信息中可找到宏昌国际股份有限公司发布的求购甜玉米罐头的信息。

4. 查看交易对象。

（1）点“公司库”。

（2）输入关键词“宏昌”，选择类别为“出口商”，点“搜索”，找到对应的公司。

（3）点“详细情况”，查看公司具体资料。

5. 查看交易商品。

（1）点“产品展示”。

（2）输入关键词“甜玉米罐头”，点“搜索”，找到对应的产品。

（3）再点“详细情况”，查看商品具体资料。

6. 查看生产成本。

（1）退出“淘金网”，回到工厂业务主页面。

（2）点“业务中心”里标志为“市场”的建筑物图标。

(3) 再点“查看市场”，可看到01005甜玉米罐头的生产价格。

7. 发布信息。

(1) 点标志为“广告公司”的建筑物图标。

(2) 再点“发布信息”，逐项填写如下：

输入标题：大量罐头食品出售

输入关键字：罐头

选择发布类型：“供应信息”

输入内容：我公司现有大量罐头食品存货，欲低价出售，欢迎来函来电洽谈！E-mail：xyz3@simtrade.net

(3) 填写完毕后，点“确定”，成功发布信息。

8. 发布产品广告与公司广告。

(1) 点“发布信息”右边的“发布广告”，逐项填写如下：

输入标题：供应甜玉米罐头，优质低价

输入关键字：甜玉米罐头

选择发布类型：“产品广告”在产品编号下拉框中选择“01005”

输入内容：我公司现供应甜玉米罐头，优质低价，欢迎前来参观订购！E-mail：xyz3@simtrade.net

(2) 填写完毕后，点“确定”，成功发布产品广告。

(3) 接下来再发布公司广告，逐项填写如下：

输入标题：长年供应各类商品，优质低价

输入关键字：各类商品

选择发布类型：“公司广告”

输入内容：我公司长年供应各类商品，包括罐头食品、服装、钟表、玩具等，优质低价，欢迎前来参观订购！E-mail：xyz3@simtrade.net

(4) 填写完毕后，点“确定”，成功发布公司广告。

9. 退出登录。

点页面上方最后一个键，退出登录。

(四) 出口地银行（如学生不安排模拟出口地银行角色，则跳过此步）

1. 以出口地银行角色登录。

输入账号(如xyz)，在“选择用户类型”下拉框中选择“出口地银行”，点“登录系统”，进入出口地银行业务主页面。

2. 创建银行。

(1) 点“资料”，逐项填写如下：

银行全称(中文):南京商业银行

银行全称(英文):Nanjing Commercial Bank

银行简称(中文):商业银行

银行简称(英文):Commercial Bank

电话:0086-025-27293344

传真:0086-025-27203335

邮政编码:210014

网址:http://www.firstbank.com

银行地址(中文):南京市逸仙路32巷19号

银行地址(英文):No. 19 Lane 32 I Sen Road, Nanjing 210014, P. R. China

银行介绍:我行长年办理国际国内资金借贷与投资等业务,拥有良好信誉与业务能力,欢迎前来我行洽谈业务!

(2) 填写完毕后,点"确定"。

3. 查询信息。

点"淘金网",进入查询页面,分别点上排键查看各类信息。

4. 退出登录。

退出"淘金网",回到业务页面,点上方最后一个键,退出登录。

(五)进口地银行(如学生不安排模拟出口地银行角色,则跳过此步)

1. 以进口地银行角色登录。

输入账号(如 xyz),在"选择用户类型"下拉框中选择"进口地银行",点"登录系统",进入进口地银行业务主页面。

2. 创建银行。

(1) 点"资料",逐项填写如下:

银行全称:THE CHARTERED BANK

银行简称:CHARTERED

电话:00966-1-4659220

传真:00966-1-4659123

网址:http://www.chartered.com

银行地址:P. O. Box99552, Riyadh 22766, KSA

银行介绍:We major in International Loan and Investment!

(2) 填写完毕后,点"确定"。

3. 查询信息。

点"淘金网",进入查询页面,分别点上排键查看各类信息。

第二节 交易磋商

一、实验目的与要求

1. 参与国际贸易买卖合同的磋商，熟悉询盘、发盘、还盘与接受环节的实践过程。

2. 熟悉价格术语的使用，掌握报价核算方法。

3. 熟悉与国内工厂的交易磋商环节。

二、实验的主要内容

当出口的产品不是出口商自己生产或进口的产品不是进口商自己使用的时候，出口商往往需要与工厂洽谈采购事宜，而进口商也可能需要与最终用户商定销售合同的具体条款。交易磋商的环节与步骤基本一致，因为进出口交易磋商的过程与要求相对复杂，本节主要介绍进出口交易的磋商环节。

进出口交易的磋商通常是通过口头或书面方式进行。口头磋商主要指交易双方当面直接协商或通过电话协商；书面磋商则是交易双方通过信函、电信、电子邮件等通讯方式磋商。

磋商的内容包括商品名称、数量、品质、规格或花色品种、包装、价格、交货方式、运输方式、付款方式、发生意外的处理方式、保险的办理、发生纠纷的处理方式，这些问题在磋商中都要明确下来。

交易磋商的一般程序可概括为询盘、发盘、还盘、接受四个环节，其中发盘与接受是必不可少的环节。

(一)询盘(Inquiry)

交易的一方欲购买或出售某种商品，向另一方发出探询买卖该商品及有关交易条件的一种表示，称为询盘，也叫询价，在法律上称为“要约邀请”。询盘既可由买方发出，也可由卖方发出。询盘是交易的起点，只是表示一种愿望，请将来可能的交易对象向自己发盘。所列内容大多为探询与参考性质，没有必须购买或售出的义务，对买卖双方均没有约束力，不是交易磋商的必经步骤。但询盘是了解市场供求、寻找交易机会的有效手段，不应忽视。

(二)发盘(Offer)

根据《联合国国际货物销售合同公约》(以下简称《公约》)规定，发盘可以定义为，向一个或一个以上特定的人提出的订立合同的建议，如果十分确定并且表明发价人在得到接受时承受约束的意旨，即构成发盘。

1. 构成发盘的必要条件。

(1) 发盘应向一个或一个以上特定的人提出。发盘必须向指定的受盘人发出，即向有名有姓的公司或个人提出来。对广大公众发出的商业广告是否构成发盘的问题，各国法律规定不一。《公约》第十四条第二款规定："如果不是向一个或一个以上特定的人提出的建议，应仅视为邀请发盘，除非提出建议的人明确地表示相反的意向。"据此规定，商业广告本身并不是一项发盘，通常只能视为邀请提出发盘。

(2) 发盘内容必须十分确定。发盘内容的确定性体现在：发盘所列条件是完整的、明确的与终局的。

所谓完整，指为准确阐明各项主要交易条件，一般包括品名规格、数量、包装、价格、装运、付款、保险七大要件。《公约》第十四条第一款规定："一个建议如果写明货物，并且明示、暗示规定数量与价格，或规定怎样确定数量与价格，即为十分确定。"也就是说，构成发盘有三个基本要素：货物名称、数量与价格。其他所缺少的条件应理解为按惯例与"一般交易条件"协议来办，表面上不完整，但实际上是完整的。

所谓明确，指交易条件要清楚、具体、不含糊、不模棱两可，不能在发盘中出现"大概"、"预计"、"可能"、"参考"等用词。

所谓终局，指发盘内容是肯定的，不能有保留性、限制性的条款。

(3) 发盘必须表明发盘人对其发盘一旦被受盘人接受即受约束的意思。发盘的目的在于订立合同，发盘人应明确表示愿意按照发盘的内容订立合同，受盘人一经接受，合同即告成立，无须再经发盘人同意。这种订立合同的意旨，可以在发盘中用文字表达，也可从发盘的整个内容、当事人相互之间的关系以及磋商的先后情况判断出是否有订立合同的意旨。发盘人的发盘在得到接受时，发盘人将按发盘的条件与受盘人订立合同，承担法律责任。

(4) 发盘必须送达受盘人。发盘只有送达受盘人才有效，这里强调直接送达或信函、电传或口头通知。别人传达如不是发盘人授权，即使到达也无效。发盘只有受盘人收到才生效，受盘人没收到或没正式收到就没有法律效力，发盘人也没有订立合同的义务。

2. 发盘的有效期。

发盘的有效期是指可供受盘人对发盘作出接受的时间或期限。发盘人在发盘的有效期内受其约束，超过有效期，发盘人则不再受其约束。因此，发盘的有效期既是对发盘人的限制，也是对发盘人的保障。

发盘的有效期可以作明确的规定，以发盘送达受盘人时开始生效，到规定有效期届满为止。具体可分为规定一段有效期(如发盘有效期 5 天)和规定最迟接受的期限(如发盘限 7 日复)两种，也可以不明确规定有效期，按惯例执行。

3. 发盘的撤回与撤销。

(1) 发盘的撤回。英美法认为：发盘原则上对发盘人没有约束力，发盘人在受盘人对发盘表示接受之前的任何时候，都可撤回发盘或变更其内容。

大陆法认为：发盘对发盘人有约束力。如《德国民法典》规定，除非发盘人在发盘中订明发盘人不受发盘的约束，否则发盘人就要受到发盘的约束。

《公约》认为：一项发盘(包括注明不可撤销的发盘)，只要在其尚未生效以前，都是可以修改或撤回的。

(2) 发盘的撤销。英美法认为：在受盘人表示接受之前，即使发盘中规定了有效期，发盘人也可以随时予以撤销。

大陆法认为：发盘人原则上应受发盘的约束，不得随意将其发盘撤销。

《公约》认为：在发盘已送达受盘人，即发盘已经生效，但受盘人尚未表示接受之前这一段时间内，只要发盘人及时将撤销通知送达受盘人，仍可将其发盘撤销。

4. 发盘的终止。

(1) 在发盘规定的有效期内未被接受，或虽未规定有效期，但在合理时间内未被接受，则发盘的效力即告终止。

(2) 发盘被发盘人依法撤销。

(3) 被受盘人拒绝或还盘之后，即拒绝或还盘通知送达发盘人时，发盘的效力即告终止。

(4) 发盘人发盘之后，发生了不可抗力事件，如所在国政府对发盘中的商品或所需外汇发布禁令等。在这种情况下，按出现不可抗力可免除责任的一般原则，发盘的效力即告终止。

(5) 发盘人或受盘人在发盘被接受前丧失行为能力，则该发盘的效力也可终止。

(三)还盘(Counter-offer)

还盘是受盘人对发盘内容不完全同意，为了进一步协商，反过来向发盘人提出需要变更内容或建议的表示，也叫还价，法律上称还盘为“新要约”。实际上就是原受盘人要求原发盘人答复是否同意其提出修改的交易条件，这样原受盘人成了新的发盘人，还盘就成了新的发盘，而原发盘人则成了新的受盘人，原发盘随之失效。一笔交易的达成，往往要经过多次还盘和再还盘的过程，发盘人与受盘人的地位多次转化。在还盘时，对双方已经同意的条件一般无须重复列出。还盘不是交易磋商程序中必备的环节。

(四)接受(Acceptance)

受盘人声明或以其他行为表示无条件地同意对方在发盘中提出的各项条件，即为接受。接受在法律上称为“承诺”，其实质是对发盘表示同意。发盘一经接受，合同就告成立，对双方都有约束力，发盘人与受盘人任何一方都不得任意更改或撤销。

接受是受盘人同意发盘的意思。受盘人接到发盘的全部内容，向发盘人发出通知表示同意，即构成接受。

1. 构成接受的条件。

(1) 接受必须由受盘人作出。如前所述，一项有效的发盘必须是向一个或一个以上特定的人作出的。因此，对发盘表示接受，也必须是发盘中所指明的特定的受盘人，而不能是其他人。如果其他人通过某种途径获悉发盘内容，而向发盘人表示接受，该接受无效。

(2) 接受必须表示出来。按《公约》第十八条第一款的规定，受盘人表示接受的方式有两种：其一，受盘人用口头或书面形式向发盘人表示同意；其二，作出行为通常指由卖方发运货物或买方支付货款。

如果收盘人在主观上愿意接受对方的发盘，但默不作声或不表示对发盘的同意，那么在法律上并不存在接受。

(3) 接受必须同意发盘提出的交易条件(即接受必须与发盘相符)。对发盘作出实质性修改视为还盘，但对于非实质性修改(Non-material Alteration)，除发盘人在不过分延迟的时间内反对其间的差异外，一般视为有效接受，而且合同的条件以该发盘和接受中所提出的某些更改为准。

(4) 接受必须在发盘规定的时效内作出。发盘中固定有效期有两种意义，一方面约束发盘人不得在有效期内任意撤销或修改发盘的内容；另一方面约束受盘人只有在有效期内作出接受，才有法律效力。如发盘中未规定有效期，则应在合理时间内接受方为有效。

(5) 接受通知的传递方式应符合发盘的要求。

2. 逾期接受(Late Acceptance)。

又称迟到的接受。虽然各国法律一般认为逾期接受无效，它只能视作一个新的发盘，但《公约》对这个问题作了灵活的处理。

(1) 只要发盘人毫不迟延地用口头或书面通知受盘人，认为该项逾期的接受可以有效，愿意承担逾期接受的约束，合同仍可于接受通知送达受盘人时订立。

(2) 如果载有逾期接受的信件或其他书面文件显示，依照当时寄发情况，只要传递正常，它本来是能够及时送达发盘人的，则此项逾期的接受应当有效，合同于接受通知送达发盘人时订立。除非发盘人毫不延迟地用口头或书面通知受盘人，认为其发盘因逾期接受而失效。以上表明，逾期接受是否有效，关键要看发盘人怎样表态。

3. 接受的撤回。

《公约》采取了大陆法"送达生效"的原则。如果撤回通知在接受原发盘应生效时间之前或同时送达发盘人，接受可以撤回。

接受撤回的条件见《公约》第二十二条。接受一旦生效，合同即告成立，所以不存在撤销问题。以行为表示接受时，不涉及接受的撤回问题。采用传真、EDI、电子邮件等形式订立合同，发盘和接受都不可能撤回。

三、实验步骤与具体操作

（一）进出口双方的交易磋商

1. 首先以出口商的身份登录，进入出口商业务主页面，与进口商建立业务关系。

注意：建立业务关系的邮件可由出口商主动发送，也可由进口商发送。

（1）点"邮件"，进入邮件系统。

（2）点"新建"，填写邮件内容。

收件人：对应进口商的邮件地址（如 xyz2@simtrade.net）；

主题：Introduce；

合同号：此时未建立合同，不需填合同号；

内容栏：根据具体要求填写，示例如下。

Dear Mr. Carter,

We known your name and address from the website of www.simtrade.net and note with pleasure the items of your demand just fall within the scope of our business line. First of all, we avail ourselves of this opportunity to introduce our company in order to be acquainted with you.

Our firm is an exporter of various Canned Foodstuffs. We highly hope to establish business relations with your esteemed company on the basis of mutual benefit in an earlier date. We are sending a catalogue and a pricelist under separate cover for your reference. We will submit our best price to you upon receipt of your concrete inquiry.

We are looking forward to receiving your earlier reply.

Yours faithfully

Minghua Liu

Grand Western Foods Corp.

(3) 填写完毕后,点“发送”。

2. 对应的进口商登录后,收取出口商希望建立业务关系的邮件,并向对方询盘。

(1) 点“邮件”,进入邮件系统。

(2) 点新邮件名称,查看邮件内容。

(3) 点“回复”,填写内容。

收件人:回复状态自动填写;

主题:回复状态自动填写,可将其改为“Inquiry”;

合同号:此时未建立合同,不需填合同号;

内容栏:根据具体内容填写,示例如下。

> Dear Mr. Minghua Liu,
>
> Thanks for your E-mail.
>
> With reference to your letter of July 28, 2004, we are glad to learn that you wish to enter into trade relations with us.
>
> At present, we are in the market for CANNED SWEET CORN, and shall be glad to receive your best quotations for this item, with indications of packing, for date of shipment, CIF TORONTO.
>
> Your early replay will be appreciated.
>
> Yours sincerely
>
> Carter
>
> Carters Trading Company, LLC

注意:在 Simtrade 中,进口商所属的国家与币别是随机分配的,因此,学生在使用时,需首先在公司基本资料中找到自己所属国家,然后到“淘金网”的“运费查询”中查询该国家所对应的港口,从中选择一个作为自己的交易港口,并在邮件中告知出口商。

(4) 填写完毕后,点“发送”。

3. 出口商登录后,收取进口商询盘的邮件。

(1) 点“邮件”,进入邮件系统。

(2) 点新邮件名称或发件人,查看邮件,内容为进口商对甜玉米罐头询价。

(3) 出口商发邮件向工厂询价。

4. 工厂核算成本并向出口商报价。

(1) 查看商品的生产成本。

（2）打开在线帮助中的“工厂的业务费用”，照其中的说明计算各项支出。

（3）根据各项费用与利润确定报价。

（4）工厂向出口商报价。

5. 出口商核算成本并向进口商发盘。

（1）收取工厂报价的邮件。

（2）打开在线帮助中的“出口预算表的填写”。

（3）进入“淘金网”，分别点击“保险费”、“运费查询”及“其他费用”等页面，根据在线帮助中的说明逐一计算各项成本。

（4）核算出各项成本与利润后，确定报价。

（5）向进口商发盘。打开进口商询盘邮件，点“回复”，填写邮件内容。

收件人：回复状态自动填写；

主题：回复状态自动填写，可将其改为“Quotation”；

合同号：此时未建立合同，不需填合同号；

内容栏：根据具体内容填写，示例如下。

Dear Mr. Carter,

We have received your letter of July 29, 2004, asking us to offer the CANNED SWEET CORN for shipment to TORONTO PORT and highly appreciate that you are interested in our products.

Comply with your kindly request, we are pleased to offer our best price as follows:

1. CANNED SWEET CORN
2. Packing: EXPORTER CARTON
3. Specification: 3060G×6TINS/CTN
4. Quantity: 800 CARTONS
5. Price: USD14/CARTON CIF TORONTO
6. Payment: L/C
7. Shipment: in August, 2004
8. Brand: At your option

Our offer remains effective until August 30, 2004

Yours faithfully

Minghua Liu

Grand Western Foods Corp.

（6）填写完毕后，点“发送”。

6. 进口商登录后，收取出口商发盘的邮件。

（1）收取出口商发盘的邮件。

（2）双方经多次还盘，最后进口商表示接受对方发盘。填写邮件内容。

收件人：回复状态自动填写；

主题：回复状态自动填写；

合同号：此时未建立合同，不需填合同号；

内容栏：根据具体内容填写，示例如下。

> Dear Mr. Minghua Liu,
>
> We have received your E-mail of July 29,2004.
>
> After the consideration, we have pleasure in confirming the following offer and accepting it:
>
> 1. Commodity: CANNED SWEET CORN
> 2. Packing: EXPORTER CARTON
> 3. Specification: 3060G×6TINS/CTN
> 4. Quantity: 800CARTONS
> 5. Price: USD14/CARTON
> 6. Payment: L/C
> 7. Shipment: in August, 2004
>
> Please send us a contract and thank you for your cooperation.
>
> Yours sincerely
>
> Carter
>
> Carters Trading Company, LLC

（3）填写完毕后，点“发送”。

7. 出口商收取进口商接受发盘的邮件。

（二）出口商与国内工厂的交易磋商

1. 工厂与出口商建立业务关系（也可由出口商主动发出）。

（1）点“邮件”，进入邮件系统。

（2）点“新建”，填写邮件内容。

收件人：对应出口商的邮件地址（如 xyz1@simtrade.net）；

主题：建立业务关系；

合同号：此时未建立合同，不需填合同号；

内容栏：根据具体内容填写，示例如下。

刘铭华先生： 　　您好！我们是冠驰股份有限公司，我公司有着悠久的经营历史，在国内外享有良好声誉。我们在 www.simtrade.net 里找到了贵公司的资料，得知你们欲购买甜玉米罐头，我公司正好是一家专业的罐头生产厂商，希望能与贵公司建立起长期的合作关系，盼来函询价！ 　　盼复！ 张　驰 冠驰股份有限公司

(3) 填写完毕后，点"发送"。

2. 出口商收取并回复该邮件，向工厂询价。

(1) 收取邮件，阅读内容。

(2) 点"回复"，填写邮件内容。

收件人：回复状态自动填写；

主题：回复状态自动填写，可将其改为"询价"；

合同号：此时未建立合同，不需填合同号；

内容栏：根据具体内容填写，示例如下。

张驰先生： 　　您好！非常感谢您的来信。 　　您的来信中提到贵公司是罐头食品的专业厂商，我们对此很感兴趣，想与你们建立起长期的合作关系。贵厂能否给我们报含税甜玉米罐头的价格，报价单中请注明交货地点、要求的付款方式及最小订量。因出口货物一般数量较大，请报最优惠价。 刘铭华 宏昌国际股份有限公司

(3) 填写完毕后，点"发送"。

3. 工厂收取并回复邮件。

(1) 收取邮件，阅读内容。

(2) 点“回复”,填写内容。

收件人:回复状态自动填写;

主题:回复状态自动填写,可将其改为“甜玉米罐头报价”;

合同号:此时未建立合同,不需填合同号;

内容栏:根据具体内容填写,示例如下。

> 刘铭华先生:
>
> 您好! 来函已收到,非常感谢您对我公司产品的关注与信赖,现报价如下:
>
> 产品名称:甜玉米罐头 CANNED SWEET CORN
>
> 货品编号:01005
>
> 海关编码:200580002
>
> 规格描述:每箱 6 罐,每罐 3060 克
>
> 销售单位:CARTON
>
> 包装单位:CARTON
>
> 交货地点:工厂交货
>
> 付款方式:需方凭供方提供的增值税发票及相应的税收(出口货物专用)缴款书在供方工厂交货后 7 个工作日内付款。如果供方未将有关票证备齐,需方扣除 17%税款支付给供方,等有关票证齐全后结清余款。
>
> 最小订货量:800CARTON
>
> 单价:RMB 65/CARTON
>
> 以上资料供您参考并确认,盼复!
>
> 张　驰
>
> 冠驰股份有限公司

(3) 填写完毕后,点“发送”。

4. 出口商收取并回复工厂报价的邮件(其间可经过多次邮件往来进行还盘)。

(1) 收取邮件,阅读内容。

(2) 点“回复”,填写邮件内容。

收件人:回复状态自动填写;

主题:回复状态自动填写;

合同号:此时未建立合同,不需填合同号;

内容栏：根据具体内容填写，示例如下。

张驰先生： 　　您好，感谢您的回复！ 　　经过考虑，我们认为您的报价可以接受，我们将订购 800CARTONS 甜玉米罐头，合同将尽快寄出。 刘铭华 宏昌国际股份有限公司

（3）填写完毕后，点“发送”。

第三章　合同与结算方式

交易磋商环节完成后，买卖双方一般会将商定的内容以书面的形式整理、表达出来，将双方的权力、义务明文规定下来，便于执行，这就形成了合同。通常来说，作为贸易商的进出口双方都会签订两个合同，除了共同的国际贸易买卖合同外，出口商还向国内生产企业购买并签订采购合同，进口商通常要将货物转卖给实际需求方并与之签订销售合同。本章主要介绍合同的订立和国际贸易合同中的结算方式。

第一节　签订进出口买卖合同

一、实验目的与要求

1. 掌握外销合同、国内贸易合同条款的具体规定与表达。
2. 掌握进出口价格核算。

二、实验的主要内容

(一)合同的形式和内容

合同的形式是合同当事人内在意思的外在表现形式。在国际贸易中，交易双方订立合同有下列几种形式：书面形式、口头形式、其他形式。在我国进出口贸易实践中，书面合同的形式包括合同(Contract)、确认书(Confirmation)和协议书(Agreement)等。其中以“合同”和“确认书”两种形式居多。从法律效力来看，这两种形式的书面合同没有区别。

书面合同不论采取何种格式，其基本内容通常包括约首、约尾和基本条款三个组成部分。约首部分一般包括合同名称、合同编号、缔约双方名称和地址、电报挂号、电传号码等各项内容。基本条款是合同的主体，具体列明交易的条件、条款，规定双方当事人的权利和义务。约尾部分一般包括订约日期、订约地点、生效时间和双方当事人签字等各项内容。

(二)合同的签订

合同内容拟定后,须经双方签字才能生效。在我国对外贸易业务中,合同或确认书通常一式两份,由双方合法代表分别签字后各执一份,作为合同订立的证据和履行合同的依据。

合同可以由买卖双方中的任何一方起草,经对方签字认可后生效。因买卖双方处在不同的国家,一起坐下来签字可能性比较小,而书面合同的邮寄又需要比较长的时间,因此通常做法是,一方拟定合同的内容,签字后将合同传真给对方,对方如果觉得需要修改双方就重新商谈,如果觉得没有问题,则在合同约尾部分签字并将合同传真回去。这种签字可以理解为合同的会签,此时合同开始生效。

(三)主要单据的内容和缮制

1.出口预算表。

出口商与进口商就各种贸易条件完成协商后,即着手起草合同。在此过程中,出口商须就该笔合同中可能产生的费用作出预算,以确保能够从该笔合同中获利;当合同完成后,再比照预算表中实际发生的金额,查看计算错误的部分。因此,在Simtrade中,出口商将已起草好的合同送达进口商之前,应填制出口预算表,否则不能送出合同。出口预算表如表3-1所示(本书所列样表在实践中没有统一规范的格式,所以本书样表供参考)。

表3-1 出口预算表

合同号:Contract01

预算表编号:STEBG000001

项　目	预算金额	实际发生金额
合同金额	92835.68	
采购成本	52000.00	
FOB总价	62246.19	
内陆运费	1235.33	
报检费	200.00	
报关费	200.00	
海运费	29690.84	
保险费	898.65	
核销费	10.00	
银行费用	400.00	

（续表 3-1）

项　目	预算金额	实际发生金额
其他费用	5073.87	
退税收入	7555.56	
利　　润	10682.55	

注：本预算表填入的位数全部为本位币。

（1）合同金额：双方议定的合同金额，注意需换算成本币。

（2）采购成本：通过邮件和工厂联络，询问采购价格，用以成本核算。

（3）FOB 总价：交易双方在签订合同时所订的货物 FOB 价总金额。此处出口商在出口报价时就应综合考虑，首先计算出采购成本，然后加上各项费用支出（可大致估算），并给出一定的利润空间，在此基础上进行报价，如不是 FOB 价，则要进行换算。海运费及保险费的算法请参照下面的说明。

注意：金额需换算成本币，汇率可在“淘金网”的“银行”页查到。

（4）内陆运费：在“淘金网”的“其他费用”中，查找内陆运费率。内陆运费＝出口货物的总体积×内陆运费率。

（5）报检费：在“淘金网”的“其他费用”中，查报检费率。

（6）报关费：在“淘金网”的“其他费用”中，查报关费率。

（7）海运费：出口交易中，采用 CFR、CIF 贸易术语成交的条件下，出口商需核算海运费。如为 FOB 方式，则此栏填“0”。

① 运费计算的基础。

运费单位（Freight Unit），是指船公司用以计算运费的基本单位。由于货物种类繁多，打包情况不同，装运方式有别，故计算运费标准不一。

A 整箱装：以集装箱为运费的单位，在 SimTrade 中有 20′集装箱与 40′集装箱两种。20′集装箱的有效容积为 25CBM，限重 17.5TNE；40′集装箱的有效容积为 55CBM，限重 26TNE，其中 1TNE＝1000KGS。

B 拼箱装：由船方以能收取较高运价为准，运价表上常注记 M/W 或 R/T，表示船公司将就货品的重量吨或体积吨两者中择其运费较高者计算。

拼箱装时计算运费的单位为：重量吨（Weight Ton），按货物总毛重，以 1 公吨（1TNE＝1000KGM）为 1 个运费吨；体积吨（Measurement Ton），按货物总毛体积，以 1 立方米（1Cubic Meter 简称 1MTQ、1CBM 或 1CUM，又称 1 体积吨）为 1 个运费吨。

在核算海运费时，出口商首先要根据报价数量算出产品体积，再到“淘金网”的

“运费查询”页，找到对应该批货物目的港的运价。如果报价数量正好够装整箱（20′集装箱或40′集装箱），则直接取其运价为基本运费；如果不够装整箱，则用产品总体积（或总重量，取运费较多者）×拼箱的价格来算出海运费。

② 运费分类计算方法。

A 整箱装：整箱运费分基本运费和附加费两部分，基本运费＝单位基本运费×整箱数，附加费＝单位附加费×整箱数，总运费等于基本运费与附加费的和。

B 拼箱装：拼箱运费只有基本运费，分按体积与按重量两种计算方式。

按体积计算，X_1＝单位基本运费（MTQ）×总体积

按重量计算，X_2＝单位基本运费（TNE）×总毛重

取 X_1、X_2 中较大的一个

例：商品 08003（儿童踏板车）要出口到加拿大，目的港是多伦多港口。试分别计算交易数量为 1000 辆和 2604 辆的海运费。

解：第一步，计算产品体积与重量。

在“淘金网”的“产品展示”中，查到商品 08003 的体积是每箱 0.0576CBM，每箱毛重 21KGS，每箱装 6 辆。根据查到的产品资料，先计算产品体积。

报价数量为 1000 辆

总包装箱数＝1000÷6＝166.6，取整 167 箱，总体积＝167×0.0576＝9.6CBM

总毛重＝1000÷6×21＝3500KGS＝3.5TNE

报价数量为 2604 辆

总包装箱数＝2604÷6＝434，总体积＝434×0.0576＝24.998CBM

总毛重＝2604÷6×21＝9114KGS＝9.114TNE

第二步，查运价。

在“淘金网”中“运费查询”里，查到运至加拿大多伦多港的基本运费为：每 20′集装箱 USD3290，每 40′集装箱 USD4410，拼箱每体积吨（MTQ）USD151，每重量吨（TNE）USD216；港口附加费为：每 20′集装箱 USD132，每 40′集装箱 USD176；燃油附加费为：每 20′集装箱 USD160，每 40′集装箱 USD215；此外，在“淘金网”中“银行”页，可查到美元的汇率为 8.29。

根据第一步计算出的结果来看，比照集装箱规格（已在运费计算基础中写明，20′集装箱的有效容积为 25CBM，限重 17.5TNE，40′集装箱的有效容积为 55CBM，限重 26TNE，其中 1TNE＝1000KGS），1000 辆的海运费宜采用拼箱，2604 辆的海运费宜采用 20′集装箱。

报价数量为 1000 辆，按体积计算基本运费＝9.6×151＝1449.6（美元）

按重量计算基本运费＝3.5×216＝756(美元)

两者比较,体积运费较大,船公司收取较大者,则基本运费为 USD1449.6。

总运费＝1449.6×8.29＝12017.18 (元)

报价数量为 2604 件,由于体积和重量均未超过一个 20′集装箱的体积与限重,所以装一个 20′集装箱即可。

总运费＝1×(3290＋132＋160)×8.29＝29694.78(元)

(8) 保险费:出口交易中,在以 CIF 条件成交的情况下,出口商需要到“淘金网”中“保险费”页查询保险费率,用以核算保险费。如系 CFR 或 FOB 方式,此栏填“0”。计算公式如下。

保险费＝保险金额×保险费率

保险金额＝CIF 货价×(1＋保险加成率)

在进出口贸易中,根据有关的国际惯例,保险加成率通常为 10%,出口商也可根据进口商的要求与保险公司约定不同的保险加成率。

例:商品 03001 的 CIF 总价为 USD8937.6,进口商要求按成交价格的 110%投保协会货物保险条款(A)(保险费率 0.8%)和战争险(保险费率 0.08%),试计算出口商应付给保险公司的保险费用。

解:保险金额＝8937.6×110%＝9831.36(美元)

保险费＝9831.36×(0.8%＋0.08%)＝86.52(美元)

查美元的汇率为 8.29,换算人民币＝86.52×8.29＝717.25(元)

(9) 核销费:在“淘金网”的“其他费用”中,查核销费。

(10) 银行费用:不同的结算方式,银行收取的费用也不同(其中在 T/T 方式下出口地银行不收取费用),通常为总金额×银行费率,在“淘金网”的“其他费用”中可以查到相关费率。

合同总金额为 USD28846.4 时,分别计算在 L/C、D/P、D/A 方式下的银行费用(假设 L/C 方式时修改过一次信用证)。

解:第一步,查询费率。

在“淘金网”的“其他费用”页中查得 L/C 通知费 RMB200/次、修改通知费 RMB100/次、议付费率 0.13%(最低 200 元)、D/A 费率 0.1%(最低 100 元,最高 2000 元)、D/P 费率 0.1%(最低 100 元,最高 2000 元)。

第二步,查询汇率。

在“银行”页中,查到美元的汇率为 8.29。

第三步,计算银行费用。

L/C 银行费用＝28846.4×0.13%×8.29＋200＋100＝610.88(元)

D/P 银行费用＝28846.4×0.1%×8.29＝239.14(元)

D/A 银行费用＝28846.4×0.1%×8.29＝239.14(元)

(11) 其他费用:主要包括公司综合费用、检验证书费、邮费及产地证明书费，其中检验证书费为出口商在填写出境报检单时所申请的检验证书，如健康证书、植物检疫证书等，每张证书收费 200 元;邮费则是在 T/T 方式下出口商向进口商邮寄单据时按次收取，每次 28 美元。以上各项费用都可以在“淘金网”的“其他费用”页面中查到，根据本次合同的实际状况累加填入本栏中。

例:在 T/T 方式下合同总金额为 USD8846.4 时，请计算本栏应填入的金额(假设本次合同中申请了一张健康证书、一张原产地证明书，并寄送过一次货运单据给进口商)。

解:第一步，查询费率。

在“淘金网”的“其他费用”页中查得出口商公司综合费率 5%、证明书费 RMB200/份、邮费 USD28/次。

第二步，查询汇率。

在“银行”页中，查到美元的汇率为 8.29。

第三步，计算其他费用。

其他费用＝8846.4×5%×8.29＋200＋200＋28×8.29＝4298.95(元)

(12) 退税收入:在“淘金网”的“税率”页面中，输入商品海关编码查询出口退税率，如果一笔合同涉及多项商品，则需分别计算再累加。

商品出口退税收入＝应退增值税＋应退消费税＝采购成本/(1＋增值税率)×出口退税率＋采购成本×消费税税率

(13) 利润:将以上各项收入与支出合起来即可算出。

计算公式为:利润＝合同金额＋退税收入－采购成本－内陆运费－报检费－报关费－海运费－保险费－核销费－银行费用－其他费用

2. 进口预算表。

进口商与出口商就各种贸易条件完成协商后，出口商即起草合同送达进口商确认。进口商在确认合同之前，须就该笔合同中可能发生的费用支出作进口预算，以确保能够从该笔合同中获利;当合同完成后，再比照预算表中实际发生的金额，查看计算错误的部分。因此，在 SimTrade 中，进口商在确认出口商送来的合同之前，应填制进口预算表，否则不能确认合同。进口预算表如表 3-2 所示。

表 3-2　进口预算表

合同号:Contract01

预算表编号:STIBG000001

项　目	预算金额	实际发生金额
合同金额	11200.00	
CIF 总价	11200.00	
内陆运费	149.03	
报 检 费	24.13	
报 关 费	24.13	
关　　税	1456.00	
增 值 税	1904.00	
消 费 税	0	
海 运 费	0	
保 险 费	0	
银行费用	55.49	
其他费用	560.00	

注:本预算表填入的位数全部为本位币。

(1) 合同金额:双方议定的合同金额,注意需换算成进口商的本币(可在"财务"中查看注册资金币别)。

(2) CIF 总价:交易双方在签订合同时所订的货品总金额。如不是 CIF 价,则要进行换算。

由 FOB 换算成 CIF 价:CIF＝FOB＋海运费＋保险费

由 CFR 换算成 CIF 价:CIF＝CFR＋保险费

海运费及保险费的算法请参照下面的说明。

注意:如不是以本币订立的合同,则要进行换算。

假设合同以美元计价,合同金额为 USD36900,而进口商的本币为日元(JPY),在"淘金网"的"银行"中查到美元的汇率为 8.29,日元的汇率为 0.0784。则该栏应填入的金额为:36900×8.29÷0.0784＝3901798.47(日元)。

(3) 内陆费用:在"淘金网"的"其他费用"中,查内陆运费。假设进口商的本币为美元,在"银行"页中,查当前美元的汇率。

内陆运费＝出口货物的总体积×数量÷汇率

(4) 报检费：在“淘金网”的“其他费用”中，查报检费率。

(5) 报关费：在“淘金网”的“其他费用”中，查报关费率。

(6) 关税：进入“淘金网”的“税率”页，输入商品海关编码进行查询(例如输入商品 01001 的海关编码 20031011，查到进口优惠税率为 25%)。SimTrade 中的国家基本上都适用于优惠税率，因此可直接取优惠税率计算，如果没有则填“0”。如果一笔合同涉及多项商品，则需分别计算再累加。

商品进口税＝该项商品 CIF 总价×进口优惠税率(注意要用 CIF 总价，而不是合同金额)

(7) 增值税：进入“淘金网”的“税率”页，输入商品海关编码进行查询(例如输入商品 01001 的海关编码 20031011，查到增值税率为 17%)。如果一笔合同涉及多项商品，则需分别计算再累加。

商品增值税＝(该项商品 CIF 总价＋进口关税税额＋消费税税额)×增值税率

注意：要用 CIF 总价，而不是合同金额，其中消费税税额计算方法见下文。

(8) 消费税：进入“淘金网”的“税率”页，输入商品海关编码进行查询(例如输入商品 10001 的海关编码 33041000，查到消费税从价计算，为价格的 30%)。如果一笔合同涉及多项商品，则需分别计算再累加；如果没有消费税，则填入“0”。

从价商品消费税＝(该项商品 CIF 总价＋进口关税税额)×消费税税率/(1－消费税税率)(注意要用 CIF 总价，而不是合同金额)

从量商品消费税＝应征消费税的商品数量×消费税单位税额

(9) 海运费：进口交易中，采用 FOB 贸易术语成交的条件下，进口商需核算海运费。如为 CIF 或 CFR 方式，则此栏填“0”。计算方法与出口预算表里的海运费相同。

(10) 保险费：进口交易中，在以 FOB、CFR 条件成交的情况下，进口商需要到“淘金网”中“保险费”页查询保险费率，用以核算保险费。如系 CIF 方式，此栏填“0”，公式如下。

保险费＝保险金额×保险费率

保险金额＝CIF 货价×(1＋保险加成率)

保险金额以进口货物的 CIF 价格为准，若要加成投保，可以加成 10%为宜。

按 CFR 进口时：保险费＝(CIF×1.1)×保险费率，令保险费为 I，保险费率为 r，保险加成为 k(通常为 1.1)，则 I＝(CFR＋I)×1.1×r，可以得出如下结果。

I＝CFR×[(1.1×r)/(1－1.1×r)]

因此得到：保险费＝CFR×[(k×r)/(1－k×r)]

按 FOB 进口时：保险费＝(FOB＋海运费)×[(k×r)/(1－k×r)]

例：商品 03001 的 CFR 价格为 8846.4 美元，要按成交价格的 110%投保协会货物保险条款(A)(保险费率 0.8%)和战争险(保险费率 0.08%),试计算进口商应付给保险公司的保险费用(假设进口商的本币为美元)。

解:保险费=8846.4×1.1×(0.8%+0.08%)÷[1−1.1×(0.8%+0.08%)]

=86.47(美元)

注意:如果进口商的本币不是美元,则需再查本币汇率,将计算结果换算成本币,换算方法参照前面 CIF 总价的汇率换算。

(11) 银行费用:不同的结汇方式,银行收取的费用也不同。应在"淘金网"的"其他费用"页中查银行相关费率并计算银行费用。

进出口商合同总金额为 USD28846.4 时,分别计算进口商在 L/C、D/P、D/A、T/T 方式下的银行费用(假设 L/C 方式时修改过一次信用证)。

解:第一步,查询费率。

在"淘金网"的"其他费用"页中查得开证手续费率 0.15%(最低 200 元),修改手续费率 200RMB/次、付款手续费率 0.13%(最低 200 元)、D/A 费率 0.1%(最低 100 元,最高 2000 元)、D/P 费率 0.1%(最低 100 元,最高 2000 元)、T/T 费率 0.08%。

第二步,计算银行费用(假设进口商的本币为美元)。

L/C 方式下:

开证手续费=28846.4×0.15%=43.27(美元)

修改手续费=200÷8.29=24.13(美元)

付款手续费=28846.4×0.13%=37.50(美元)

L/C 银行费用=开证手续费+修改手续费+付款手续费=104.90(美元)

D/A 银行费用=28846.4×0.1%=28.85(美元)

D/P 银行费用=28846.4×0.1%=28.85(美元)

T/T 银行费用=28846.4×0.08%=23.08(美元)

注意:如果进口商的本币不是美元,则需再查本币汇率,将计算结果换算成本币,换算方法参照前面 CIF 总价的汇率换算。

(12) 其他费用:本栏即进口商公司综合费用,在"淘金网"的"其他费用"中,查进口综合费用,如果进口综合费用为合同金额的 5%,那么,进口综合费用=合同金额×5%。

3. 外销合同。

一般来说出口合同的格式都是由我方(出口公司)事先印制好的,因此有时我方习惯在 SALES CONFIRMATION 之前加上出口公司名称或是公司的标志等(我外贸公司进口时也习惯由我方印制进口合同)。交易成立后,寄交买方签署

(Countersign)，作为交易成立的书面凭据。

在 SimTrade 中，买卖双方都可以起草合同，填写时只需将名称、地址等内容作相应变化即可。如合同由买方起草时，上方空白栏则填入进口商公司名称及地址，以此类推。外销合同如表 3-3 所示。

表 3-3　外销合同

GRAND WESTERN FOODS CORP.

Room2501,Jiafa Mansion, Beijing West Road, Nanjing 210005, P.R.China

SALES CONFIRMATION

Messrs:	Carters Trading Company, LLC P.O.Box8935, New Terminal, Lata. Vista, Ottawa, Canada	**No.**	Contract01
		Date:	2004-08-19

Dear Sirs,

We are pleased to confirm our sale of the following goods on the terms and conditions set forth below:

Choice	Product No.	Description	Quantity	Unit	Unit Price	Amount
					[CIF] [Toronto]	
○	01005	CANNED SWEET CORN 3060Gx6TINS/CTN	800	CARTON	USD14	USD11200
					[添加][修改][删除]	
		Total:	800	CARTON		[USD] [11200]

Say Total:	U.S.DOLLARS ELEVEN THOUSAND TWO HUNDRED ONLY
Payment:	L/C [By 100% irrevocable sight letter of credit in our favor.]
packing:	3060Gx6TINS/CTN Each of the carton should be indicated with Item No., Name of the Table, G.W., and C/No.
Port of Shipment:	Nanjing
Port of Destination:	Toronto
Shipment:	All of the goods will be shipped on or before Sep. 20, 2004 subject to L/C reaching the SELLER by the end of August, 2004. Partial shipments and transhipment are not allowed.
Shipping Mark:	CANNED SWEET CORN CANADA C/NO.1-800 MADE IN CHINA
Quality:	As per sample submitted by seller.
Insurance:	The SELLER shall arrange marine insurance covering ICC(A) plus institute War Risks for 110% of CIF value and provide of claim, if any, payable in Canada, with U.S. currency.
Remarks:	The Buyers are requested to sign and return one copy of this Sales Confirmation immediately after receipt of the same.

BUYERS	SELLERS
	GRAND WESTERN FOODS CORP.
	Minghua Liu
(Manager Signature)	(Manager Signature)

(1) 报表上方两行空白栏：为出口商公司抬头，需分别填写出口商的英文名称及地址。

如：GRAND WESTERN FOODS CORP.

Room2501, Jiafa Mansion, Beijing West Road, Nanjing 210005, P. R. China

(2) Messrs：详细填列交易对象（即进口商）的名称及地址。在 SimTrade 中，进口商的详细资料请在"淘金网"的公司库里查询。

如：Dynasty Furniture Manufacturing Ltd.

3344-54th Avenue S. E.

Calgary, Alberta T2C OAS

Canada

(3) No.：销货合同编号，由卖方自行编设，以便存储归档管理之用。在 SimTrade 中，该编号已由卖方在起草合同时填入，单据中不能再更改。

(4) Date：填写销货合同制作日期。

如：2005 年 2 月 18 日，可以有以下几种日期格式填法。

①2005-02-18 或 02-18-2005；

②2005/02/18 或 02/18/2005；

③050218（信用证电文上的日期格式）；

④February 18, 2005 或 Feb. 18, 2005。

(5) Product No.：填写货号，销货合同上应记明各种货物编号，以求联系沟通方便。在 SimTrade 中，货号必须选择"淘金网"的"产品展示"里已有的商品编号。

(6) Description：品名条款。此栏应详细填明各项商品的英文名称及规格，这是买卖双方进行交易的物质基础和前提。对商品的具体描述说明是合同的主要条款之一，如果卖方交付的货物不符合合同规定的品名或说明，买方有权拒收货物、撤销合同并提出损害赔偿。在 SimTrade 中，商品的详细资料请在"产品展示"里查找，可参考英文名称与描述部分。

如：CANNED SWEET CORN　　　3060G×6TINS/CTN

(7) Quantity：数量条款。本栏用于填写交易的货物数量，这是买卖双方交接货物及处理数量争议时的依据。不明确卖方应交付多少货物，不仅无法确定买方应该支付多少金额的货款，而且，不同的量有时也会影响价格以及其他的交易条件。

为便于装运并节省运费，通常以一个 20′或 40′集装箱的可装数量作为最低交易数量。在 SimTrade 中，整箱货物交易数量的计算方法请参考在线帮助中"预算表的填写"里的基本计算部分。

(8) Unit：货物数量的计量单位，应以适合该货物计量的单位为准。

在 SimTrade 中，货物的计量单位在商品详细资料里已经注明，需要注意的是，此栏应填写销售单位而非包装单位。不同类别的产品，销售单位和包装单位不同，例如：食品类的销售单位是 CARTON，钟表类的销售单位则是 PC。

(9) Unit Price：货物的价格，通常指货物的单价，是针对一个销售单位的货物而言。单价一般包括贸易术语、计价货币与单价金额等内容，其填写说明如下。

①贸易术语：请填于上方空白栏中，填写格式是在 FOB 后加"启运港"或"出口国家名称"；CFR 或 CIF 后加"目的港"或"进口国家名称"。

②计价货币与单价金额：依双方约定填写。其中选择计价货币时需参考 SimTrade 中"淘金网"里银行页面中的外汇币种与汇率。

如：CIF Toronto　　　　USD 14

(10) Amount：列明币种及各项商品总金额(总金额＝单价×数量)。

注意：此栏应与每一项商品相对应。

(11) Total：货物总计，分别填入所有货物累计的总数量和总金额(包括相应的计量单位与币种)。

(12) Say Total：以文字(大写)写出该笔交易的总金额，必须与货物总价数字表示的金额一致。

如：SAY U. S. DOLLARS EIGHTY NINE THOUSAND SIX HUNDRED ONLY。

(13) Payment：支付方式有许多种，SimTrade 中选用了其中四种最常用的方式，即 L/C(信用证)、D/P(付款交单)、D/A(承兑交单)及 T/T(电汇)。请首先选择其中一种，再将支付条款的具体要求写在后面。

如：By a prime bankers irrevocable sight letter of credit in sellers favor for 100% of invoice value.(全部凭银行所开发不可撤销即期信用证付款，以卖方为受益人。)

(14) Packing：包装条款。一般包括包装材料、包装方式和每件包装中所含物品数量等内容。在 SimTrade 中，可参考商品详细资料里的包装说明。

如：3060G×6TINS/CTN. Each of the carton should be indicated with Product No., Name of the Table, G. W., and C/NO.

(15) Port of Shipment：填写启运港名称，为中国港口之一。在 SimTrade 中，内陆港口的名称可在"淘金网"中运费查询页面中的"国内港口"里查找。

(16) Port of Destination：填写目的港名称，通常已由买方在双方签订合约之前的往来磋商函电中告知卖方。

(17) Shipment：装运条款。包括装运时间、装运港或装运地、目的港或目的地，以及分批装运和转运等内容，有的还规定卖方应予交付的单据和有关装运通知的条款。

如：All of the goods will be shipped from Shanghai to Toronto before July 20，2003 subject to L/C reaching the SELLER by the early of June，2003. Partial shipments and transhipment are not allowed.（所有货物在 2003 年 7 月 20 日前装运，从上海港运往多伦多港，但以信用证 6 月初以前送达卖方为条件。不许分批装运，不许转运。）

(18) Shipping Mark：运输标志，也称装运唛头，可以是图案、文字或号码。如没有唛头应填“No Mark”或“N/M”。

(19) Quality：质量条款。这是对商品的质量、等级、规格等的具体规定，是买卖双方交接货物时的品质依据，同时也是商检部门在进行检验、仲裁机构或法院在解决品质纠纷时的依据。

(20) Insurance：写明保险条款。在 FOB、CFR 条件下，由买方投保，此栏可写“Insurance effected by buyer”。在 CIF 条件下，由卖方投保，应具体写明投保的险别、保险金额、保单类别、适用条款、索赔地点及币种等事项。在 SimTrade 中，保险条款请在“淘金网”的“保险费”页面查询。

(21) Remarks：备注。外贸公司多使用格式化的合同，难免有需要改动和补充之处，如特殊规定或其他条款可在此栏说明。

(22) Manager Signature (BUYERS)：进口商公司负责人签名。上方空白栏填写公司英文名称，下方则填写公司法人英文名称。

(23) Manager Signature (SELLERS)：出口商公司负责人签名。上方空白栏填写公司英文名称，下方则填写公司法人英文名称。

三、实验步骤与具体操作

(一)起草外销合同

注意：合同既可由出口商起草，也可由进口商起草。

1. 退出邮件页面，点“业务中心”里标志为“进口商”的建筑物图标。

2. 在弹出页面中点“起草合同”。

3. 输入合同号(如 Contract01)，对应的进口商编号(如 xyz)，再输入办理相关业务的出口地银行编号(如 xyz)，并勾选选项“设置为主合同”，点“确定”，弹出合同表单进行填写。

4. 填写完成后点“保存”。

5. 回到业务页面中，点“检查合同”，确认合同填写无误。

(二)制作出口预算表

1. 点“添加单据”。

2. 选中“出口预算表”前的单选键，点“确定”。

3. 然后在“查看单据列表”中点出口预算表对应的单据编号（以后添加与填写单据都用此方法），弹出表单进行填写。

(三)发送合同

回到业务页面中，点“合同送进口商”。

(四)收取合同邮件

进口商登录后，收取出口商要求确认合同的邮件。

(五)制作进口预算表

1. 退出邮件系统，点“业务中心”里标志为“出口商”的建筑物图标。

2. 在弹出的页面左边首先点“切换”，将需要确认的合同设置为主合同。

3. 再点“修改合同”，打开合同页面查看相关条款。

4. 然后点“添加单据”，选中“进口预算表”前的单选键，点“确定”。

5. 再在“查看单据列表”中点进口预算表对应的单据编号（以后添加与填写单据都用此方法），弹出表单进行填写。

6. 填写完成后点“保存”。

(六)确认合同

1. 回到业务页面中，点“修改合同”。

2. 在弹出合同的左下方签字，分别在两行空白栏中填入“Carters Trading Company, LLC”与“Carter”，点“保存”。

3. 回到业务页面，点“确认合同”。

4. 输入合同编号（本例中为 Contract01），再输入进口地银行编号（如 xyz，此处最好找自己熟悉的银行，以免到需办理相关业务如信用证时，因找不到银行而耽误业务进程），点“确定”，成功确认合同。

第二节　结算方式

结算方式包括汇付、托收或信用证三种。相对而言，汇付和托收的操作比较简单，它们都属于商业信用。汇付方式下，如果是发货前收款，出口商在收到进口商支付的款项后才出运货物并将有关单据寄交进口商。托收方式下，出口商先完成货物的装运，将取得的货物单据和金融单据交银行并委托银行向进口商收取货款。只有信用证属银行信用，若出口商提交与信用证要求相符的单据，银行在判断单证相符的前提下保证支付相应的款项。因为银行在信用证中要起相当重要的作用，所以实践中信用证业务的处理比较复杂。首先进口商要向进口地银行申请开证，出口商收到出口地银行转来的信用证之后要审证，如果有与合同不符且以后可能导致单证不符的后果，会要求进口商修改信用证，只有当出口商认为信用证的内容是符合合同要求或不会对安全收汇产生不利影响，才会接受信用证，安排备货和出运，在完成装运后，备齐单据向银行议付。这里主要以信用证结算方式为例，介绍信用证的申请、开证和审证。

一、实验目的与要求

熟悉与掌握信用证的申请和开证（进口商和进口地银行）、审证（出口商和出口地银行）要点。

二、实验的主要内容

（一）信用证的申请与开立

进口信用证是银行应国内进口商的申请，向国外出口商出具的一种付款承诺，承诺在符合信用证所规定的各项条款时，向出口商履行付款责任。信用证的业务流程图如图 3-1 所示。

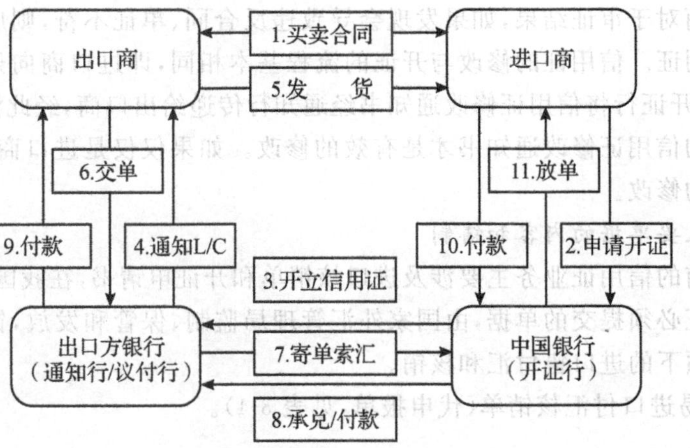

图 3-1　信用证业务流程图

具体操作中，装运之前的信用证业务主要注意以下内容。

1. 进口商：申请开证。

2. 进口地银行：审核开证申请书，开信用证，交进口商确认。

3. 进口商：确认信用证。

4. 进口地银行：通知出口地银行。

5. 出口地银行：对照合同审核信用证，填写通知书，通知出口商信用证已到。

6. 出口商：审证并接受信用证。若信用证有问题，可发邮件给进口商要求其修改。

进口商申请开证时应提交：开证申请书、进出口贸易合同、进口批文（进口配额、许可证类证明、机电产品进口登记证明等）、外汇管理部门规定的有关文件（如购汇申请书、进口付汇核销单等）。

（二）审证

收到信用证后检查和审核的要点：信用证的付款保证是否有效；信用证的付款时间是否与有关合同规定相一致；信用证受益人和开证人的名称和地址是否完整和准确；装运期的有关规定是否符合要求；能否在信用证规定的交单期交单；信用证的金额、币制是否符合合同规定；信用证货物的数量是否与合同规定相一致；价格条款是否符合合同规定；货物是否允许分批出运；货物是否允许转运；有关的费用条款；信用证规定的文件能否提供或及时提供；信用证中有无陷阱条款；信用证中有无矛盾之处；有关信用证是否受国际商会第 600 号《跟单信用证统一惯例解释通则》的约束。

出口商对于审证结果，如果发现会导致违反合同、单证不符，则应该要求进口商修改信用证。信用证的修改与开证的流程基本相同，即进口商向开证行申请修改信用证，开证行将信用证修改通知书经通知行传递给出口商，经此流程传递到出口商手中的信用证修改通知书才是有效的修改。如果仅仅是进口商发出的函电，不是有效的修改。

（三）主要单据的内容和缮制

装运前的信用证业务主要涉及进口核销单和开证申请书，在我国，进口核销单是申请开证必须提交的单据，由国家外汇管理局监制、保管和发放，银行凭此办理贸易进口项下的进口售付汇和核销。

1. 贸易进口付汇核销单（代申报单，见表 3-4）。

表 3-4 贸易进口付汇核销单(代申报单)

印单局代码: 320000　　　　核销单编号: STICA000001

单位代码 00000005-8	单位名称 Carters Trading Company, LLC	所在地外汇局名称
付汇银行名称 THE CHARTERED BANK	收汇人国别 China	交易编码 0101
收款人是否在保税区：是 ☐ 否 ☑	交易附言	
对外付汇币种 USD　对外付汇总额 11200		
其中：购汇金额 11200	现汇金额	其他方式金额
人民币账号	外汇账号	
付汇性质		
☑正常付汇		
☐不在名录　☐90天以上信用证	☐90天以上托收	☐异地付汇
☐90天以上到货　☐转口贸易		
备案表编号		
预计到货日期 09/10/2004	进口批件号	合同/发票号 Contract01/STINV000001
结算方式		
信用证　90天以内 ☑　90天以上 ☐	承兑日期 / /	付汇日期 / /　期限 天
托收　90天以内 ☐　90天以上 ☐	承兑日期 / /	付汇日期 / /　期限 天
汇款　预付货款 ☐	货到付汇(凭报关单付汇) ☐	付汇日期 / /
报关单号	报关日期 / /	报关单币种　金额
报关单号	报关日期 / /	报关单币种　金额
报关单号	报关日期 / /	报关单币种　金额
报关单号	报关日期 / /	报关单币种　金额
报关单号	报关日期 / /	报关单币种　金额
(若报关单填写不完，可另附纸。)		
其他 ☐	付汇日期 / /	
以下由付汇银行填写		
申报号码：		
业务编号：	审核日期： / /	(付汇银行签章)

(1) 印单局代码：为印制本核销单的六位外汇局代码(在 SimTrade 中可不填)。

(2) 核销单编号：由各印制本核销单的外汇局自行编制。

(3) 单位代码：应根据国家技术监督局颁发的组织机构代码填写。在 SimTrade 中，单位代码请在公司基本资料中查找。

(4) 所在地外汇局名称：指付汇单位所在地外汇局名称(在 SimTrade 中可不填)。

(5) 付汇银行名称：通常为进口地银行。

(6) 收汇人国别：指该笔对外付款的实际收款人常住国家，即出口国家，如“China”。

(7) 交易编码：应根据本笔对外付汇交易的性质对应国家外汇管理局国际收支交易编码表填写。如：一般贸易(0101)、补偿贸易(0104)、来料加工装配贸易(0105)、进料加工装配贸易(0106)等。在 SimTrade 中，货物都为一般贸易。

(8) 交易附言：是付款人对该笔对外付款用途的描述，可不填。

(9) 对外付汇币种、报关单币种：应按币种的英文缩写填写，如：USD。

(10) 对外付汇总额、购汇金额、现汇金额、其他方式金额、汇款中报关单“金额”：应用阿拉伯数字填写。

(11) 人民币账号、外汇账号：应根据如下规定填报。如所付款项系从现汇账户中支出，则在“外汇账号”栏填写该现汇账户的账号；如所付款项系从银行购得的外汇，则在“人民币账号”栏填写其用于购汇的人民币账户的账号。

(12) 付汇性质：应选择适当的付汇性质，在“□”内打“√”。其中，“正常付汇”指除不在名录、90 天以上信用证、90 天以上托收、异地付汇、90 天以上到货、转口贸易、境外工程使用物资、真实性审查以外无须办理进口付汇备案业务的付款业务；“90 天以上信用证”及“90 天以上托收”均指付汇日期距承兑日期在 90 天以上的对外付汇业务；除“正常付汇”之外的各付汇性质在标注“√”时，均需对应填写备案表编号。

(13) 结算方式：应选择适当的结算方式，在“□”内打“√”。其中，90 天以内信用证、90 天以内托收的付汇日期距该笔付汇的承兑日期均小于 90 天且含 90 天；90 天以上信用证、90 天以上托收的付汇日期距该笔付汇的承兑日期均大于 90 天；结算方式为“货到付汇”时，应同时填写对应“报关单号”、“报关日期”、“报关单币种”、“金额”。

(14) 申报号码：共 22 位。第一至第六位为地区标识码、第七至第十位为银行标识码、第十一和第十二位为金融机构顺序号、第十三至第十八位为该笔贸易进口付汇的付汇日期或该笔对外付汇的申报日期，最后 4 位为银行营业部门的当日业务流水码。

(15) 其他各栏：均应按栏目提示对应填写。

2. 开证申请书(见表 3-5)。

开证申请人(进口商)在向开证行申请开证时必须填制开证申请书。开证申请书主要依据贸易合同中的有关主要条款填制，申请人填制后附合同副本一并提交银行，供银行参考、核对。但信用证一经开立则独立于合同，因而在填写开证申请时应审慎查核合同的主要条款，并将其列入申请书中。

开证申请书是开证申请人对开证行的付款指示，也是开证申请人与开证行之间明确各自责任的书面契约。

表 3-5　开证申请书

TO: THE CHARTERED BANK　　　　**DATE:** 040819

☐ Issue by airmail　☐ With brief advice by teletransmission ☐ Issue by express delivery ☑ Issue by teletransmission (which shall be the operative instrument)	**Credit NO.** STLCA000001 Date and place of expiry 041015 in the beneficiary's country
Applicant CARTERS TRADING COMPANY, LLC P.O.BOX8935,NEW TERMINALI, LATA. VISTA, OTTAWA, CANADA	Beneficiary (Full name and address) GRAND WESTERN FOODS CORP. ROOM2501,JIAFA MANSION, BEIJING WEST ROAD, NANJING 210005, P.R.CHINA
Advising Bank NANJING COMMERCIAL BANK NO.19 LANE 32 I SEN RD, NANJING 210014, P.R.CHINA	Amount [USD][11200] U.S.DOLLARS ELEVEN THOUSAND TWO HUNDRED ONLY
Parital shipments ☐ allowed ☑ not allowed　Transhipment ☐ allowed ☑ not allowed Loading on board/dispatch/taking in charge at/from NANJING not later than 040920 For transportation to: TORONTO ☐ FOB　☐ CFR　☑ CIF ☐ or other terms	Credit available with NANJING COMMERCIAL BANK By ☐ sight payment　☐ acceptance　☑ negotiation ☐ deferred payment at against the documents detailed herein ☑ and beneficiary's draft(s) for 100 % of invoice value at **** sight drawn on ISSUE BANK

Documents required: (marked with X)

1.(X) Signed commercial invoice in 6 copies indicating L/C No. and Contract No. Contract01

2.(X) Full set of clean on board Bills of Lading made out to order and blank endorsed, marked "freight [ ] to collect / [X] prepaid [ ] showing freight amount" notifying THE APPLICANT

( ) Airway bills/cargo receipt/copy of railway bills issued by showing "freight [ ] to collect/ [ ] prepaid [ ] indicating freight amount" and consigned to

3.(X) Insurance Policy/Certificate in 3 copies for 110 % of the invoice value showing claims payable in CANADA in currency of the draft, blank endorsed, covering All Risks and War Risks

4.(X) Packing List/Weight Memo in 3 copies indicating quantity, gross and weights of each package.

5.( ) Certificate of Quantity/Weight in copies issued by

6.( ) Certificate of Quality in copies issued by [ ] manufacturer/[ ] public recognized surveyor

7.(X) Certificate of Origin in 3 copies issued by MANUFACTURER

8.( ) Beneficiary's certified copy of fax / telex dispatched to the applicant within hours after shipment advising L/C No., name of vessel, date of shipment, name, quantity, weight and value of goods.

Other documents, if any

Description of goods:

01005 CANNED SWEET CORN, 3060Gx6TINS/CTN
QUANTITY: 800 CARTON
PRICE: USD14/CTN

Additional instructions:

1.(X) All banking charges outside the opening bank are for beneficiary's account.

2.(X) Documents must be presented within 21 days after date of issuance of the transport documents but within the validity of this credit.

3.( ) Third party as shipper is not acceptable, Short Form/Blank B/L is not acceptable.

4.( ) Both quantity and credit amount % more or less are allowed.

5.( ) All documents must be forwarded in

( ) Other terms, if any

一般情况下，开证申请书都由开证银行事先印就，以便申请人直接填制。开证申请书通常为一式两联，申请人除填写正面内容外，还需签具背面的“开证申请人承诺书”。

(1) TO:致____________行。填写开证行名称。

(2) DATE:申请开证日期。如:050428。

(3) Issue by airmail:以信开的形式开立信用证。

选择此种方式，开证行以航邮将信用证寄给通知行。

(4) With brief advice by teletransmission:以简电开的形式开立信用证。选择此种方式，开证行将信用证主要内容发电预先通知受益人，银行承担必须使其生效的责任，但简电本身并非信用证的有效文本，不能凭以议付或付款，银行随后寄出的“证实书”才是正式的信用证。

(5) Issue by express delivery:以信开的形式开立信用证。选择此种方式，开证行以快递(如:DHL)将信用证寄给通知行。

(6) Issue by teletransmission (which shall be the operative instrument):以全电开的形式开立信用证。选择此种方式，开证行将信用证的全部内容加注密押后发出，该电讯文本为有效的信用证正本。如今大多用“全电开证”的方式开立信用证。

(7) Credit No.:信用证号码，由银行填写。

(8) Date and place of expiry:信用证有效期及地点，地点一般填受益人所在国家。如:050815 IN THE BENEFICIARY'S COUNTRY。

(9) Applicant:填写开证申请人名称及地址。开证申请人(Applicant)又称开证人(Opener)，系指向银行提出申请开立信用证的人，一般为进口人，就是买卖合同的买方。开证申请人为信用证交易的发起人。

(10) Beneficiary (Full name and address):填写受益人全称和详细地址。受益人指信用证上所指定的有权使用该信用证的人。一般为出口人，也就是卖方。

(11) Advising Bank:填写通知行名址。如果该信用证需要通过收报行以外的另一家银行转递、通知或加具保兑后给受益人，该项目内填写该银行。

(12) Amount:填写信用证金额，分别用数字小写和文字大写。以小写输入时需包括币种与金额。如:USD89600, U. S. DOLLARS EIGHTY NINE THOUSAND SIX HUNDRED ONLY。

(13) Partial shipments:分批装运条款。填写跟单信用证项下是否允许分批装运。

(14) Transhipment:转运条款。填写跟单信用证项下是否允许货物转运。

(15) Loading on board/dispatch/taking in charge at/from:填写装运港。

(16) not later than:填写最后装运期。如:050610。

(17) For transportation to:填写目的港。

(18) 价格条款:根据合同内容选择填写价格条款。

(19) Credit available with:填写此信用证可由________银行即期付款、承兑、议付、延期付款,即押汇银行(出口地银行)名称。如果信用证为自由议付信用证,银行可用"ANY BANK IN..."(地名/国名)表示。如果该信用证为自由议付信用证,而且对议付地点也无限制时,可用"ANY BANK"表示。

(20) sight payment:勾选此项,表示开具即期付款信用证。即期付款信用证是指受益人(出口商)根据开证行的指示开立即期汇票,或无须汇票仅凭运输单据即可向指定银行提示请求付款的信用证。

(21) acceptance:勾选此项,表示开具承兑信用证。承兑信用证是指信用证规定开证行对于受益人开立以开证行为付款人或以其他银行为付款人的远期汇票,在审单无误后,应承担承兑汇票并于到期日付款的信用证。

(22) negotiation:勾选此项,表示开具议付信用证。议付信用证是指开证行承诺延伸至第三当事人,即议付行,其拥有议付或购买受益人提交信用证规定的汇票/单据权利行为的信用证。如果信用证不限制某银行议付,可由受益人(出口商)选择任何愿意议付的银行,提交汇票、单据给所选银行请求议付的信用证称为自由议付信用证,反之为限制性议付信用证。

(23) deferred payment at:勾选此项,表示开具延期付款信用证。需要写明延期多少天付款,例如:at 60 days from payment confirmation(60天承兑付款)、at 60 days from B/L date(提单日期后60天付款)等。延期付款信用证指不需汇票,仅凭受益人交来单据,审核相符,自指定银行承担延期付款责任起,延长直至到期日付款。该信用证除能够为欧洲地区进口商避免向政府缴纳印花税而免开具汇票外,其他都类似于远期信用证。

(24) against the documents detailed herein:

and beneficiary's draft(s) for   % of invoice value

at   sight

drawn on

连同下列单据:

受益人按发票金额的____%,做成限制为____天,付款人为________的汇票。注意延期付款信用证不需要选择连同此单据。

"at   sight"为付款期限。如果是即期,需要在"at   sight"之间填"* * * *"

或“————”，不能留空。远期有几种情况：at ×× days after date(出票后××天)，at ×× days after sight(见票后××天)或 at ×× days after date of B/L(提单日后××天)等。如果是远期，要注意两种表达方式的不同：一种是见票后××天(at ×× days after sight)，一种是提单日后××天(at ×× days after B/L date)。这两种表达方式在付款时间上是不同的，“见单后××天”是指银行见到申请人提交的单据时间算起，而“提单日后××天”是指从提单上的出具日开始计算的××天，所以如果能尽量争取到以“见单后××天”的条件成交，等于又争取了几天迟付款的时间。

“drawn on”为指定付款人。注意汇票的付款人应为开证行或指定的付款行。

如：against the documents detailed herein

and beneficiary's draft(s) for 100% of invoice value

at　* * * *　sight

drawn on　THE CHARTERED BANK

Documents required：(marked with ×)

信用证需要提交的单据(用“×”标明)。一般要求提交的单据有提单(或空运单、收货单)、发票、箱单、重量证明、保险单、数量证明、质量证明、产地证、装船通知、商检证明以及其他申请人要求的证明等，应明确单据的正副本份数、出单人等内容。

注意：如果是以 CFR 或 CIF 成交，就要要求对方出具的提单为“运费已付”(Freight Prepaid)，如果是以 FOB 成交，就要要求对方出具的提单为“运费到付”(Freight Collect)。如果按 CIF 成交，申请人应要求受益人提供保险单，且注意保险险别，赔付地应要求在到货港，以便一旦出现问题，方便解决。汇票的付款人应为开证行或指定的付款行，不可规定为开证申请人，否则会被视作额外单据。

(25) Other documents，if any：其他单据。

(26) Description of goods：货物描述。

如：01005 CANNED SWEET CORN，3060G×6TINS/CTN

QUANTITY：800 CARTON

PRICE：USD14/CTN

(27) Additional instructions：附加条款，是对以上各条款未述之情况的补充和说明，且包括对银行的要求等。如：除开证行以外的所有银行费用由受益人担保；所需单据须在运输单据出具日后______天内提交，但不得超过信用证有效期；第三方为托运人不可接受，简式/背面空白提单不可接受；数量及信用证金额允许有______%的增减；所有单据须指定__________船公司。

(28) Other terms, if any:其他条款。

三、实验步骤与具体操作

1. 进口商申领核销单(L/C方式下,需在开证前领单;其他方式下,则在付款前领单)。

(1) 回到“业务中心”,点“进口地银行”。

(2) 再点“申领核销单”,即领取“贸易进口付汇核销单”。

(3) 再点“出口商”建筑物图标,进入“单据列表”中进行填写。

(4) 填写完成后点“检查”,确认通过。

注意:在贸易进口付汇核销单中,对外付汇币种须以进口商的本币填写,金额亦作相应转换。在SimTrade中币别由系统自动分配,进口商可在自己的“财务”页面中查询本币币别。

2. 申请开立信用证。

(1) 点标志为“进口地银行”的建筑物图标,选择“信用证”业务。

(2) 再点“添加信用证申请书”,添加完成后,点击该申请书编号进行填写。

(3) 填写完成后点“检查”,确认通过。

(4) 仍在信用证管理页面中,选中对应信用证申请书前的单选钮,点“发送申请书”。

3. 进口地银行开立信用证(如学生不安排模拟进口地银行角色,则跳过此步)。

(1) 收取进口商申请开立信用证的邮件。

(2) 回到进口地银行业务主页面,点“信用证”。

(3) 点击合同号为Contract01的信用证申请书编号,查看其内容。

(4) 再选中该申请书,点“开证”。

(5) 完成后点击信用证编号进入,根据开证申请书进行填写。

(6) 填写完成后点“检查”,确认通过。

(7) 在“信用证”页面中再选中合同号为Contract01的信用证前的单选钮,点“送进口商”。

4. 进口商同意信用证。

(1) 收取银行要求确认信用证的通知邮件。

(2) 然后到“业务中心”点“进口地银行”。

(3) 再点“信用证业务”,检查对应的信用证内容。

(4) 检查无误后,选中对应信用证前的单选键,点“同意”。

5. 进口地银行转发信用证（如学生不安排模拟进口地银行角色，则跳过此步）。

（1）收取进口商同意信用证的邮件。

（2）在信用证管理界面，选择合同号为 Contract01 的信用证前的单选键，点“送出口地银行”。

6. 出口地银行将信用证通知出口商（如学生不安排模拟出口地银行角色，则跳过此步）。

（1）收取进口地银行已开证的通知邮件。

（2）回到出口地银行业务主页面，点“信用证”。

（3）打开合同号为 Contract01 的信用证进行查看。

（4）再选中该信用证前的单选键，点“制作通知书”，添加信用证通知书。

（5）然后点该信用证通知书所对应的单据编号，打开表单根据信用证内容进行填写。

（6）填写完成后点“检查”，确认通过。

（7）回到业务页面，选择该通知书，点“通知受益人”。

7. 出口商接受信用证。

（1）收取信用证已开立的通知邮件。

（2）回到“业务中心”，点“出口地银行”。

（3）再点“接受信用证”，进入信用证列表页面。

（4）查看信用证内容无误后，点“接受”。

第三节　备　货

一、实验目的与要求

1. 了解并掌握国内购销合同的签订。
2. 掌握出口货物的准备工作。

二、实验的主要内容

国际货物买卖交易中，卖方的基本合同义务之一就是向买方交付符合合同规定的货物，备货即根据出口合同或信用证的规定，准备好合同规定的货物，它是出口商履行出口交货义务的基础。出口交易中，出口方备货工作的内容主要包括：向生产、供货部门或仓储部门安排和催交货物，核实应交货物的品质、规格、花色、数量，进行必要的加工整理、包装、刷唛以及办理货物的检验、领取出口许可证等。

（一）签订国内购销合同

我出口公司作为卖方，在同买方签订买卖合同之后，首先要根据合同和信用证的规定按时、按质、按量地准备好应交的货物（许多情况下备货与催证之间并无严格的时间界限）。

大型有出口经营权的企业、企业集团内一般设有自己的生产企业、车间。这种企业出口备货，一般由出口部门向生产加工及仓储部门下达出口生产加工通知，即整装备货通知单。没有生产加工实体的外贸企业，主要通过与国内生产企业即厂家签订国内购销合同落实备货。对外贸企业来讲，国内购销合同是它与国内生产厂家之间权利义务的法律文件，是它完成和落实出口合同货物的基础和证明。

（二）商品验收入库

外贸公司与国内生产企业签订国内购销合同后，需经常深入工厂了解出口商品的生产，掌握生产进度，检查产品生产过程中的质量，发现问题及时解决。

工厂交货前，外贸公司应提前做好准备，包括确定进货的存放地点、堆码垛型、保管方法、进货所需要的各种苫垫材料、必要的检验工具及预先熟悉拟进商品资料。工厂交货时，公司应认真核对承运单位的货运记录、供货单位提供的产品质量合格证明、发票，购销合同对货物实体进行严格的感官甚至理化鉴定，严把进货质量关，保证出口货源的数量准确、质量完好。商品验收合格即可填写商品购进入库单，办理商品入库手续。

（三）整装刷唛

整装刷唛是出口备货工作中的一项重要内容。整装刷唛的意义是“将货物特定化”。业务中工厂或仓储货运部门应及时按合同/信用证整理出口货物的包装、刷制出口包装唛头。刷唛时，有关人员需注意防止错刷、漏刷，英文字母颠倒、倒置，认真与合同或信用证核对，做到清楚、醒目、位置大小适当，避免“白板”出口。

（四）国内货物买卖合同的内容和缮制

国内买卖合同与国际合同内容大致相同，要求用中文填写。它是出口公司与国内厂家相互之间规定权利和义务的法律文件。

通常情况下，订立国际货物买卖合同之后的第一步就是根据合同和信用证的规定按时、按质、按量地准备好应交的货物，国内买卖合同的洽谈一般与国际货物买卖合同同步进行。出口商要以国内的买卖合同为依据，对应交的货物进行清点、加工整理、刷制运输标志（刷唛），以及办理申请报验和领证等各项工作。国内买卖合同在缮制时要与进出口买卖合同相符，要清楚、完整。应主要列明货物的品质、规格、数量，货物的包装和唛头及其备货时间。国内货物买卖合同如表 3-6 所示。

表 3-6　国内货物买卖合同

卖方：冠驰股份有限公司　　　　　　　　　　　合同编号：Order01

签订时间：2004-08-20

买方：宏昌国际股份有限公司　　　　　　　　　签订地点：南京

一、产品名称、品种规格、数量、金额、供货时间。

选择	产品编号	品名规格	计量单位	数量	单价(元)	总金额(元)	交(提)货时间及数量
○	01005	甜玉米罐头 每箱 6 罐，每罐 3060 克	CARTON	800	65	52000	2004 年 4 月 16 日前工厂交货
合计：			CARTON	800		52000	
[添 加] [修 改] [删 除]							
合计人民币(大写)	伍万贰仟元整						
备注							

二、质量要求技术标准、卖方对质量负责的条件和期限：
质量符合国标出口优级品，如因品质问题引起的一切损失及索赔由供方承担，质量异议以本合同产品保质期为限(产品保质期以商标效期为准)。

三、交(提)货地点、方式：
工厂交货。

四、交(提)货地点及运输方式及费用负担：
集装箱门到门交货，费用由需方承担。

五、包装标准、包装物的供应与回收和费用负担：
纸箱包装符合出口标准，商标由需方无偿提供。

六、验收标准、方法及提出异议期限：
需方代表按出口优级品检验内在品质及外包装，同时供方提供商检放行单或商检换证凭单。

七、结算方式及期限：
需方凭供方提供的增值税发票及相应的税收(出口货物专用)缴款书在供方工厂交货后七个工作日内付款。如果供方未将有关票证备齐，需方扣除 17％税款交付给供方，等有关票证齐全后结清余款。

八、违约责任：
违约方支付合同金额的 15％作为违约金。

九、解决合同纠纷的方式：
按《中华人民共和国经济合同法》。

十、本合同一式两份，双方各执一份，效力相同。未尽事宜由双方另行友好协商。

（续表 3-6）

卖　方	买　方
单位名称：	单位名称：宏昌国际股份有限公司
单位地址：	单位地址：南京市北京西路嘉发大厦 2501 室
法人代表或委托人：	法人代表或委托人：刘铭华
电话：	电话：0086-025-23501213
税务登记号：	税务登记号：000000000000003
开户银行：	开户银行：南京商业银行
账号：	账号：SIM-dst011
邮政编码：	邮政编码：210005

(1) 卖方：填写工厂中文名称。

(2) 买方：填写出口商公司中文名称。

(3) 合同编号：买卖合同编号，由卖方或买方自行编设，以便存储归档管理之用。在 SimTrade 中，该编号已由卖方或买方在起草合同时填入，单据中不能再更改。

(4) 签订时间、地点：填写买卖合同签订日期、地点。

如：2005 年 2 月 18 日，可以有以下几种日期填写格式。

① 2005-02-18 或 02-18-2005；

② 2005/02/18 或 02/18/2005；

③ 050218（信用证电文上的日期格式）；

④ February 18，2005 或 Feb 18，2005。

(5) 产品编号：销货合同上应记明各种产品编号，以求联系沟通方便。在 SimTrade 中，产品编号必须选择“淘金网”的“产品展示”里已有的商品编号。

(6) 品名规格：此栏应详细填明各项商品的中文名称及规格，这是买卖双方进行交易的物质基础和前提。对商品的具体描述说明是合同的主要条款之一，如果卖方交付的货物不符合合同规定的品名或说明，买方有权拒收货物、撤销合同并提出损害赔偿。在 SimTrade 中，商品的详细资料请在“产品展示”里查找，可参考中文名称与描述部分。

如：甜玉米罐头。

每箱 6 罐，每罐 3060 克。

(7) 数量：数量条款。本栏用于填写交易的货物数量，这是买卖双方交接货物及处理数量争议时的依据。

(8) 计量单位：货物数量的计量单位，应以适合该货物计量的单位为准。在 SimTrade 中，货物的计量单位在商品详细资料里已经注明，需要注意的是，此栏应填写销售单位而非包装单位。不同类别的产品，销售单位和包装单位不同，例如：食品类的销售单位是 CARTON，钟表类的销售单位则是 PC。

(9) 单价：价格条款。这是买卖合同中必不可缺的重要组成部分，不仅直接关系到买卖双方的利益，而且与合同中的其他条款也有密切联系。通常由工厂根据成本通过往来函电报价给出口商，双方经过协商后确定此交易价格。

(10) 总金额：列明币种及各项商品总金额（总金额＝单价×数量）。

注意：此栏应与每一项商品相对应。

(11) 交（提）货时间及数量：如 2005 年 4 月 16 日前工厂交货。

(12) 合计：货物总计，分别填入所有货物累计的总数量（包括相应的计量单位）和总金额。

(13) 合计人民币（大写）：以文字（大写）写出该笔交易的总金额，必须与货物总价数字表示的金额一致。如伍万贰仟元整。

(14) 备注：公司多使用格式化的合同，难免有需要改动和补充之处，有特殊规定或其他条款可在此栏说明。如：

①需方凭供方提供的增值税发票及相应的税收（出口货物专用）缴款书在供方工厂交货后七个工作日内付款。如果供方未将有关票证备齐，需方扣除 17％税款支付给供方，等有关票证齐全后结清余款。②所有生产的罐码采用暗码打字方式，不得在罐盖上显示生产日期。③本合同经双方传真签字盖章后即生效。

(15) 质量要求技术标准、卖方对质量负责的条件和期限：如质量符合国标出口优级品，因品质问题引起的一切损失及索赔由供方承担，质量异议以本合同产品保质期为限（产品保质期以商标有效期为准）。

(16) 交（提）货地点、方式：如工厂交货。

(17) 交（提）货地点及运输方式及费用负担：如集装箱门到门交货，费用由需方承担。

(18) 包装标准、包装物的供应与回收和费用负担：如纸箱包装符合出口标准，商标由需方无偿提供。

(19) 验收标准、方法及提出异议期限：如需方代表按出口优级品检验内在品质及外包装，同时供方提供商检放行单或商检换证凭单。

(20) 结算方式及期限：如需方凭供方提供的增值税发票及相应的税收（出口货物专用）缴款书在供方工厂交货后 7 个工作日内付款。如果供方未将有关票证备齐，需方扣除 17％税款支付给供方，等有关票证齐全后结清余款。

(21) 违约责任：如违约方支付合同金额的 15％作为违约金。

(22) 解决合同纠纷的方式：如按《中华人民共和国经济合同法》。

(23) 买方:出口商公司相关信息及负责人签名,应与公司基本资料中的信息一一对应,包括税务登记号、账号等,都可在公司资料中找到。

(24) 卖方:工厂相关信息及负责人签名,应与公司基本资料中的信息一一对应,包括税务登记号、账号等,都可在公司资料中找到。

三、实验步骤与具体操作

1. 出口商起草国内买卖合同。

注意:此合同既可由出口商起草,也可由工厂起草。

(1) 在“业务中心”里点标志为“工厂”的建筑物图标。

(2) 在弹出页面中点“起草合同”。

(3) 输入合同号(如“Order01”),输入对应的工厂编号(如 xyz),并勾选选项“设置为主合同”,点“确定”,填写表单内容。

(4) 填写完成后点“保存”。

2. 回到业务页面,点“检查合同”,确认合同填写无误后,再点“合同送工厂”。

3. 工厂确认合同(如学生不安排模拟工厂角色,则跳过此步)。

(1) 收取出口商要求确认合同的邮件。

(2) 在“业务中心”里点“出口商”。

(3) 在弹出页面的左边首先点“切换”,将需要确认的合同设置为主合同。

(4) 再点“修改合同”,在弹出的合同的下方签字,填入各项详细信息(账号等可在公司基本资料中找到),点“保存”。

(5) 然后再回到用户对话框中“确认合同”。

4. 组织生产(如学生不安排模拟工厂角色,则跳过此步)。

(1) 点“业务中心”中标志为“市场”的建筑物图标,再点“查看市场”。

(2) 选择商品,点“组织生产”。

(3) 再输入生产数量,点“确定”,完成生产。

5. 放货(如学生不安排模拟工厂角色,则跳过此步)。

(1) 点标志为“出口商”的建筑物图标。

(2) 再点“放货”,将货物送到出口商处,同时系统自动收取货款。

6. 缴税(如学生不安排模拟工厂角色,则跳过此步)。点标志为“国税局”的建筑物图标,再点“缴税”。至此,该笔交易完成。

7. 出口商收取工厂已放货的通知邮件后,点“库存”,可看到所订购的货物已在库存列表中,备货完成。

第四章 货物运输与保险

货物的运输与保险由进口商还是出口商完成，因贸易术语而定。一般情况下，E组和F组贸易术语国际货物运输由进口商负责，C组和D组的贸易术语则由出口商负责运输；E组、F组和C组中的CFR、CPT贸易术语国际货物运输保险由进口商负责办理，而C组中的CIF、CIP和D组的贸易术语则由出口商负责办理保险。

第一节 租船订舱

一、实验目的与要求

1. 了解租船订舱的流程。
2. 学会制作货物出运委托书。

二、实验的主要内容

(一)租船订舱的含义

发货人通过外运公司或其他有权受理对外货运业务的单位，向货运代理或承运单位办理出口运输委托业务，称为出口货物托运。其中，海洋运输出口环节多，工作量大，重点掌握海运托运的工作程序及其单据的缮制。

在国际货物买卖中，常用的成交方式为FOB、CFR和CIF。如采用FOB术语成交，买方必须负责租船订舱，而卖方必须负责在合同规定的装船期和装运港，将货物装上买方指定的船只。这里有个船货衔接的问题。买方在合同规定的期限内安排船只到合同指定的装运港接受装货。如果船只按时到达装运港，卖方因货未备妥而未能及时装运，则卖方应承担由此而造成的空舱费或滞期费。反之，如果买方延迟派船，使卖方不能在合同规定的装运期内将货物装船，则由此而引起的卖方仓储、保险等费用支出的增加，以及因迟收货款而造成的利息损失，均需由买方负责。

如采用CIF或CFR术语成交，则出口商必须自负费用同承运人订立运输合同，同时负责租用适航船舶和向班轮公司订妥必要的舱位。目前我国相当大一部分出口货物都是采用集装箱班轮运输的。

对于出口商而言，如果货物采用集装箱班轮运输，那么在备货及落实信用证的同时，就应该开始订舱，以便及时履行合同及信用证项下的交货和交单的义务。向班轮公司订舱，首先要了解各个班轮公司的船舶、船期、挂靠港及船舶箱位数等具体情况。目前，经营中国国际集装箱海运班轮业务的国内外著名航运公司主要有：中远COSCO、中海CSCL、中外运SINOTRAN、达飞轮船CMA-CGM、地中海航运MSC、韩进海运HANJIN、马士基MAERSK、铁行渣华P&O NEDLLOYD、东方海外OOCL、长荣海运EVERGREEN、太平船务PIL等。这些班轮公司利用各种媒体和渠道定期发布本公司船舶、船期及运价等航运信息，以供托运人在订舱时进行参考。同时，托运人也可通过网络，如航运在线班轮船期频道（http://www.sol.com.cn/liner/）等查询船期表以选择合适的船舶、航次，然后向具体的船公司洽订舱位。例如，通过航运在线班轮船期频道，可查询从上海到迪拜的海运集装箱船期表，船期表如表4-1所示。

表4-1 上海到迪拜的海运集装箱船期表

启运港：	Shanghai	目的港：	Dubai	港口搜索
ETD	ETA	CARRIER	VESSEL	VOY
Shanghai(10—8)	Dubai	马士基	MAERSK KALMAR	0811
Shanghai(10—8)	Dubai (10—23)	现代商船	HKMR	018W
Shanghai(10—15)	Dubai (10—30)	现代商船	HOCK	028W
Shanghai(10—29)	Dubai (11—13)	现代商船	HMKK	018W
Shanghai(10—30)	Dubai (11—18)	韩进海运	CITY OF XIAMEN	0806W

（二）租船订舱流程

托运订舱的流程如图4-1所示。

1. 出口企业，即货主在货、证齐备后，填制订舱委托单，委托货代代为订舱。

2. 货代接受订舱委托后，缮制集装箱货物托运单，随同商业发票、装箱单及其他必要的单证一同向船公司办理订舱。

3. 船公司根据具体情况，如接受订舱则在托运单的几联单证上编上与提单号码一致的编号，填上船名、航次，并签署。这一程序表示已确认托运人的订舱，同时把配舱回单、S/O等与托运人有关的单据退给托运人。

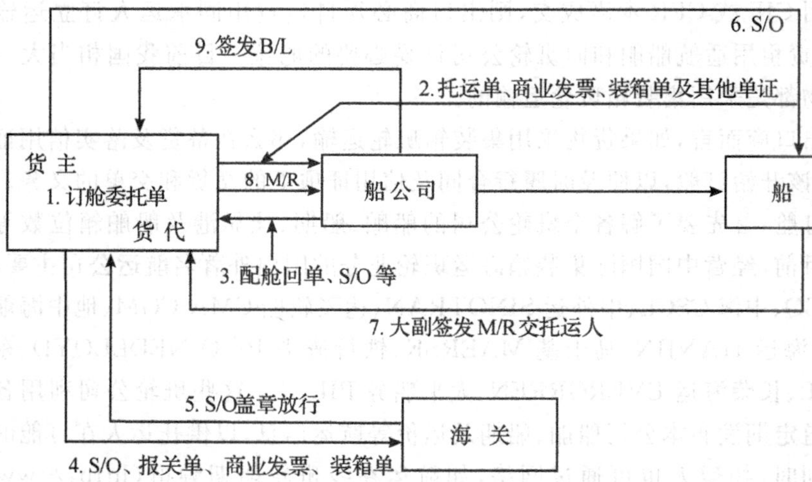

图 4-1 托运订舱流程图

4. 托运人持船公司签署的 S/O,填制出口货物报关单、商业发票、装箱单等连同其他有关的出口单证向海关办理货物出口报关手续。

5. 海关根据有关规定对出口货物进行查验,如同意出口,则在 S/O 上盖放行章,并将 S/O 退回给托运人。

6. 托运人持海关盖章的由船公司签署的 S/O 要求船长装货。

7. 装货后,由船上的大副签署 M/R 大副收据,交给托运人。

8. 托运人持 M/R,向船公司换取正本已装船提单。

9. 船公司凭 M/R,签发正本提单并交给托运人凭此结汇。

(三)货物出运委托书的内容及缮制

一般说来,从出口业务人员的角度来看,出口托运是从租船订舱或是委托出运开始的。

首先,外贸业务人员应根据信用证规定的最迟装运期及货源和船源情况安排委托出运。一般情况应提前 5 天左右或更长,以便留出机动时间应付意外情况发生。

接下来,填具货物出运委托书或是其他类似单据,办理委托代理租船订舱事宜。如果外贸公司本身开展托运业务,则需填写海运出口托运单、集装箱托运单等。如果外贸公司本身不办理运输业务,则可委托代理订舱,填具货物出运委托书。货物出运委托书如表 4-2 所示。

表 4-2 货物出运委托书

(出口货物明细单) 日期: 2005-09-10

根据《中华人民共和国合同法》与《中华人民共和国海商法》的规定，就出口货物委托运输事宜订立本合同。

合同号	Contract01	运输编号	STINV000001
银行编号	dst01	信用证号	STLCN000001
开证银行	THE CHARTERED BANK		
付款方式	L/C		
贸易性质	一般贸易	贸易国别	Canada
运输方式	海运	消费国别	Canada
装运期限	2004-09-20	出口口岸	Nanjing
有效期限	2004-10-15	目的港	Toronto
可否转运	NO	可否分批	NO
运费预付	YES	运费到付	NO

托运人	宏昌国际股份有限公司 南京市北京西路嘉发大厦2501室
抬头人	To order of Carters Trading Company, LLC
通知人	Carters Trading Company, LLC P.O.Box8935,New Terminal, Lata. Vista, Ottawa, Canada

选择	标志唛头	货名规格	件数	数量	毛重	净重	单价	总价
○	CANNED SWEET CORN CANADA C/NO.1-800 MADE IN CHINA	CANNED SWEET CORN 3060Gx6TINS/CTN	800CARTONS	800CARTONS	16156.8KGS	14688KGS	USD14	USD11200
		TOTAL:	[800 [CARTON]	[800 [CARTON]	[16156.8 [KGS]	[14688 [KGS]		[USD] [11200]

[添 加] [修 改] [删 除]

注意事项		
FOB价		[USD] [7509.58]
总体积		[20.5888] [CBM]
保险单	险别	ICC(A) WAR RISKS
	保额	[USD] [12320]
	赔偿地点	CANADA
海关编号		0000000003
制单员		刘铭华

受托人(即承运人)		委托人(即托运人)	
名称:		名称:	宏昌国际股份有限公司
电话:		电话:	0086-025-23501213
传真:		传真:	0086-025-23500638
委托代理人:		委托代理人:	刘铭华

1. 日期：委托出运日期。

2. 托运人：填写出口公司中文名称及地址(信用证受益人)。

3. 抬头人：即提单上的抬头人，将来船公司签发的提单上的相应栏目的填写会参照委托书的写法。

4. 通知人：填写信用证规定的提单通知人名称及地址，通常为进口商。

5. 合同号：填写相关交易的合同号码。

6. 运输编号：出口商自行编制用于外运的编号，多数出口商直接以发票号作为运输编号。

7. 银行编号：开证行的银行编号，在与开证行的业务联系中必须引用该编号(在 SimTrade 中可不填)。

8. 信用证号：填写相关交易的信用证号码，如非信用证方式则不填。

9. 开证银行：根据信用证填写开证银行，如非信用证方式则不填。

10. 付款方式：按出口合同所列的付款方式填写。如：L/C。

11. 贸易性质：即贸易方式，共分为七种。一般贸易即正常贸易、寄售、代销贸易、对外承包工程、来料加工、免费广告品、免费样品、“索赔”、“换货”、“补贸”和进口货退回。

12. 贸易国别：填写贸易成交国别(地区)，即进口国。

13. 运输方式：按实际填写，如海运、陆运、空运等方式。

14. 消费国别：填写出口货物实际消费的国家(地区)，通常为进口国。

15. 装运期限：按出口合同或信用证所列填写。

16. 出口口岸：填写货物出境时我国港口或国境口岸的名称，按合同或信用证所列填写。若出口货物在设有海关的发运地办理报关手续，出口口岸仍应填写出境口岸的名称。

17. 有效期限：按信用证所列填写。信用证的有效期限是受益人向银行提交单据的最后日期。受益人应在有效期限日期之前或当天向银行提交信用证单据。

18. 目的港：填写出口货物运往境外的最终目的港，按合同或信用证所列填写。最终目的港不得预知的，可按尽可能预知的目的港填报。

19. 可否转运、可否分批：按出口合同或信用证所列填写。如果允许分批或转运，则填“是”、“YES”或“Y”；反之，则填“否”、“NO”或“N”。

20. 运费预付、到付：如 CIF 或 CFR 出口，一般均在运费预付栏填“是”或“YES”或“Y”字样，并在到付栏填“否”或“NO”或“N”。如系 FOB 出口，则反之，除非收货人委托发货人垫付运费。

21. 标志唛头：照合同规定填写。

22. 货名规格：填写货物描述。

23. 件数、数量：分别填写货物的外包装数量与销售数量。

24. 毛重、净重、价格币制、单价、总价：按货物的实际情况填写。

25. TOTAL：填写出口货物的总件数、数量、毛重、净重及价格。

26. FOB 价：填写出口货物离开我国国境的 FOB 价格，如按 CIF、CFR 价格成交的，应扣除其中的保险费、运费以及其他佣金、折扣等。以成交币种折算成人民币和美元时，均应按当天中国人民银行公布的汇率折算。

27. 总体积：按货物的实际情况填写。除信用证另有规定者外，一般以立方米(CBM)列出。

28. 注意事项：填写承运人或货运代理人需注意的事项。

29. 保险险别、保额、赔款地点：根据出口合同或信用证填写。

凡按 CIF、CIP 条件成交的出口货物，由出口商向当地保险公司逐笔办理投保手续。业务量较大的外贸公司，为简化手续，节省时间，投保时可以此单代替投保单。

30. 海关编号：填写出口商公司的海关代码。

31. 制单员：填写制单员姓名。

32. 受托人名称、电话、传真、委托代理人：填写受托人的相关信息，出口商不填。

33. 委托人名称、电话、传真、委托代理人：填写委托人的相关信息。

三、实验步骤与具体操作

(一)准备相关单据

1. 添加“货物出运委托书”进行填写。

2. 填写完成后点“检查”，确认通过。

(二)租船订舱

1. 填写完成后，在“业务中心”里点“船公司”。

2. 首先点“指定船公司”，选中“世格国际货运代理有限公司”，点“确定”。

3. 再点“洽订舱位”。

4. 选择集装箱为“20′”，填入装船日期，再点“确定”，订舱完成，系统将返回“配舱通知”。

5. 点标志为“进口商”的建筑物图标里的“查看单据列表”，可查看“配舱通知”的内容。

第二节　出 口 报 检

一、实验目的与要求

1. 了解出口报检的流程。

2. 学会制作出境货物报检单、商业发票、装箱单。

二、实验的主要内容

（一）报检的规定和要求

报检是指出口商品的生产、经营单位和进口商品的收用单位或代理接运单位，按《商检法》的规定以及1989年9月1日原国家进出口商品检验局发布的《进出口商品报验的规定》，向商检机构申请办理检验、鉴定手续。有关报检的规定和要求有以下几个方面。

1. 报检单位的规定。

（1）有进出口经营权的国内企业。

（2）进出口商品收货人或其代理人。

（3）出口商品生产企业，一般是指影响较大、规模较大、有对外经营权的企业。

（4）对外贸易关系人，如保险公司、船务公司等。

（5）中外合资、中外合作的外商投资企业。

（6）国外企业、商社常驻中国代表机构等。

2. 出口商品报检的时间、地点。

属于法定检验范围的出口商品或者法定范围以外的，但合同约定需要检验的出口商品，发货人应当于接到合同或信用证后备货出口前，在商检机构规定的地点和期限内向商检机构报验。一般货物最迟应于装运前10天在产地进行报检；需隔离检疫的出境动物在出境前60天预报，隔离前7天报检。

3. 报检商品的范围。

（1）列入《出入境检验检疫机构实施检验检疫的进出境商品目录》内的进出口商品。

（2）出口食品卫生检验检疫以及出口动物产品的检疫。

（3）出口危险品包装容器的性能鉴定和使用鉴定。

（4）装运易腐烂变质食品的集装箱、船舱等。

(5) 其他法律或者行政法规规定必须经商检机构检验的。如包装材料检验等。

(6) 我国与进口国主管部门协定必须凭我国商检机构证书方准进口的商品。

(7) 对外贸易合同、信用证规定由商检机构检验并出具证书的商品。

(8) 对外贸易关系人申请的鉴定业务。

(9) 接受的委托检验业务。

4. 我国商检机构。

(1) 国家质量监督检验检疫总局。中华人民共和国国家质量监督检验检疫总局(简称国家质检总局 AQSIQ)是中华人民共和国国务院主管全国质量、计量、出入境商品检验、出入境卫生检疫、出入境动植物检疫、进出口食品安全和认证认可、标准化等工作,并行使行政执法职能的直属机构。

(2) 中国检验认证(集团)有限公司。中国检验认证(集团)有限公司(原进出口商品检验公司 CCIC)是经国务院批准成立,在国家工商总局登记注册,以"检验、鉴定、认证、测试"为主业的跨国检验认证机构,它的成立是中国加入 WTO 新形势下贯彻国家质量监督检验检疫总局、国家认证认可监督管理委员会关于商检公司体制改革决策的重大举措。

(3) SGS 检验机构——中国通标标准技术服务有限公司。瑞士通用鉴定公司(SGS),又称瑞士通用公证行,成立于 1878 年,总部设在日内瓦,是目前世界上最大的专门从事国际商品检验、测试和认证的集团公司。其最基本的服务项目是接受客户委托对进行贸易或运输的农产品、各类原材料、石油、石化产品、消费品和工业设备等提供检验和监督服务,是当今世界最大的第三方检验公司成员。在国际贸易界,SGS 以其公正性和独立性著称,为许多国家政府和各类机构提供特定的服务,包括认证和装船前的检验、海关监督评估、投资的监督跟踪等。此外,SGS 还为保险公司的理赔业务提供残损鉴定。SGS 的独立、诚实、公正的高质量服务赢得了客户、政府机构和金融机构的完全信赖。

5. 报检时提交的单据。

出口报检时,需提供中华人民共和国出入境检验检疫出境货物报检单(以下简称报检单)。同时根据出口商品需要检验和通关放行的要求,还需提供出口合同、出口货物报关单、商业发票、装箱单和信用证等。

另外,经本地区预验的商品需要在本地区换证出口时,应加附由该局签发的预验结果单;凡必须由商检局办理卫生注册及出口质量许可证的商品,必须交附商检局签发的卫生注册证书、厂检合格单或出口质量许可证;冷冻、水产、畜产品和罐头食品等需办理卫生证时,还需交附商检局签发的卫生注册证书和厂检合格单。

对外贸易关系人申请鉴定业务的报检，需要交附有关合同、国外发票、提单、商务记录、重量明细单、拟装货物清单、舱单、配载图、船方函电或书面说明、海事报告或其他有关的证明。

申请危险品包装检验的报检有两种，一是包装性能鉴定，需提供有关产品标准和工艺规程等有关资料；二是包装使用鉴定，需提供包装性能鉴定报告及有关单证。

申请委托检验的报检，申请人应提交检验样品、列明检验要求，必要时提供有关检验标准或检验方法。国外委托人委托检验和鉴定业务时，应提供有关的函电和资料。

6. 报检时应注意的问题。

(1) 报检人应预先约定抽样检验、鉴定的时间，并提供进行抽样和检验鉴定等必要的工作条件。

(2) 报检人对所需商检证书的内容如有特殊要求应预先申明。

(3) 申请报检时，应缴纳规定的检验费。

(4) 报检人员必须按规定认真填写报检单，每份申请单只能填报一批商品，做到字迹清楚，不得随意涂改，项目填写齐全、明确、中英文内容正确一致。

(5) 已报检的出口商品，如果国外来证要求修改时，凡涉及商检有关的条款，需及时将修改函送至商检局，办理更改手续。

(6) 报检人领取证书时，应如实签署姓名和领证时间，对证书要妥善保管，防止丢失。各类证书应按其特定的范围使用，不得混用。

(7) 报检人如因特殊原因需要撤销报检时，经书面申明理由后，可办理撤销。

(8) 检验后的出运期限。经商检机构检验合格后发给检验证书或放行单的出口商品，一般应在证单签发之日起两个月内装运出口；鲜活类商品应在两周内装运出口。超过上述期限的应向商检机构重新报检，并交回已签发的所有检验证书和放行单。

(二) 出境货物检验检疫流程

在中国，出境货物检验检疫的流程如图 4-2 所示。

(三) 主要单据的内容和缮制

1. 报检单。

报检单是国家检验检疫部门根据检验检疫、鉴定工作的需要，为保证检验检疫工作规范化和程序化而设制的。它是报检人根据有关法律、行政法规或合同约定申请检验检疫机构对其某种货物实施检验检疫、鉴定意愿的书面凭证，它表明了申请人正式向检验检疫机构申请检验检疫、鉴定，以取得该批货物合法出口的合法凭证。报检单同时也是检验检疫机构对出入境货物实施检验检疫，启动检验检疫程

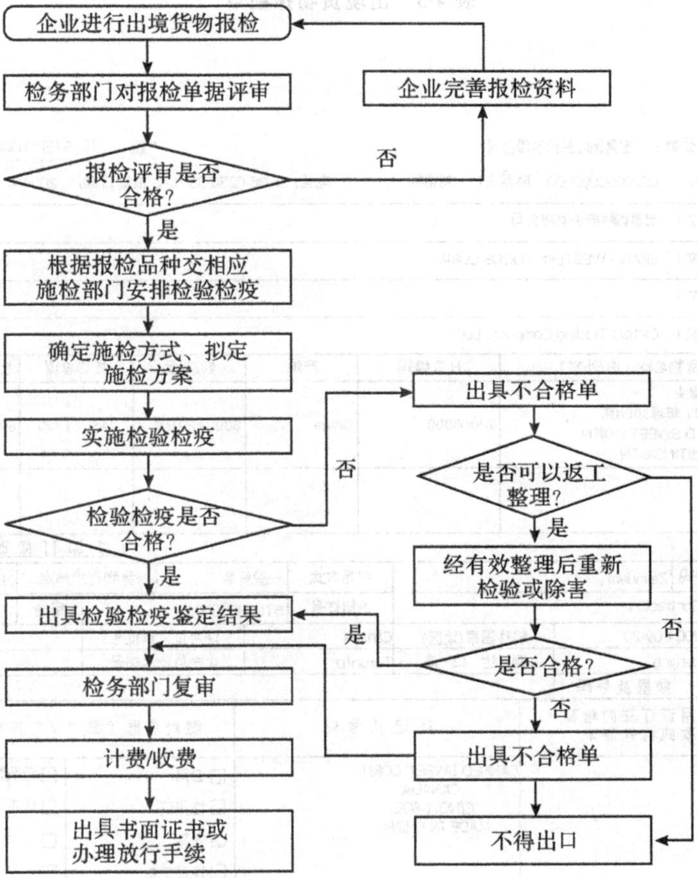

图 4-2 出境货物检验检疫流程图

序的依据。报检单如表 4-3 所示。

(1) 报检单位(加盖公章)、登记号、联系人、电话：填写报检单位全称并加盖公章或报检专用章(或附单位介绍信),并准确填写本单位报检登记代码、联系人及电话;代理报检的应加盖代理报检机构在检验机构备案的印章。其中报检单位登记号即单位的海关代码,可在公司基本资料中查找。

(2) 编号：本栏目由出入境检验检疫机关填写。

(3) 发货人：填写合同上的卖方或信用证上的受益人名称,要求用中文、英文,填写时要一致。

(4) 收货人：填写合同上的买方或信用证的开证人名称,可只填英文。

表 4-3　出境货物报检单

报检单位 (加盖公章)：　宏昌国际股份有限公司　　　　　　*编　号 STEPC000001

报检单位登记号：　0000000000000　联系人：　刘铭华　　　电话：0086-025-2350121 报检日期：　2004年 8 月 20 日

发货人	（中文）	宏昌国际股份有限公司
	（外文）	GRAND WESTERN FOODS CORP.
收货人	（中文）	
	（外文）	Carters Trading Company, LLC

选择	货物名称（中/外文）	H.S.编码	产地	数/重量	货物总值	包装种类及数量
○	甜玉米罐头 每箱6罐，每罐3060克 CANNED SWEET CORN 3060Gx6TINS/CTN	20058000	China	800CARTON	USD11200	800CARTON

[添 加] [修 改] [删 除]

运输工具名称号码	Zaandam	贸易方式	一般贸易	货物存放地点	Nanjing CY
合同号	Contract01	信用证号	STLCN000001	用途	
发货日期	2004-09-20	输往国家(地区)	Canada	许可证/审批号	
启运地	Nanjing	到达口岸	Toronto	生产单位注册号	
集装箱规格、数量及号码					

合同、信用证订立的检验检疫条款或特殊要求	标记及号码	随附单据（画"√"或补填）	
	CANNED SWEET CORN CANADA C/NO.1-800 MADE IN CHINA	☑合同 ☑信用证 ☑发票 ☐换证凭单 ☑装箱单 ☐厂检单	☐包装性能结果单 ☐许可/审批文件 ☐______ ☐______ ☐______ ☐______

需要证单名称（画"√"或补填）		*检验检疫费	
☐品质证书 __正 __副 ☐重量证书 __正 __副 ☐数量证书 __正 __副 ☐兽医卫生证书 __正 __副 ☐健康证书 __正 __副 ☐卫生证书 __正 __副 ☐动物卫生证书 __正 __副	☐植物检疫证书 __正 __副 ☐熏蒸/消毒证书 __正 __副 ☐出境货物换证凭单 ☑通关单 ☐______ ☐______ ☐______	总金额 （人民币元）	
		计费人	
		收费人	

报检人郑重声明： 1. 本人被授权报检。 2. 上列填写内容正确属实，货物无伪造或冒用他人的厂名、标志、认证标志，并承担货物质量责任。 签名：　刘铭华	领取证单	
	日期	
	签名	

注：有"*"号栏由出入境检验检疫机关填写。　　　　◆国家出入境检验检疫局制

[1-2 (2000.1.1)]

(5) 货物名称(中/外文):按合同、信用证所列名称填写,但中/外文要一致。

(6) H.S.编码:海关编码,按《商品分类及编码协调制度》8位数字填写。在SimTrade中,海关编码请在商品基本资料中查找。

(7) 产地:填省、市、县名。

(8) 数/重量:按实际申请检验检疫数/重量填写(SimTrade中的货物都以销售数量计),并注明计量单位。

(9) 货物总值:按合同或发票所列货物总值填写,并注明货币单位。对于加工贸易生产出口的货物,应填写料费与加工费的总和,不能只填写加工费。

(10) 包装种类及数量:填外包装材料的种类及件数。

(11) 运输工具名称号码:填写货物实际装载的运输工具类别名称(如船、飞机、货柜车、火车等)及运输工具编号(船名、飞机航班号、车牌号码、火车车次),请在配舱通知中查找。

(12) 贸易方式:成交的方式,如一般贸易、来料加工、补偿贸易等,通常都为一般贸易。

(13) 货物存放地点:报验商品存放的地点,也是商检机构施检或抽取样品的地点。

(14) 合同号:报检商品成交的合同号码。

(15) 信用证号:按实际情况填写信用证号。如属非信用证结汇的货物,本栏目应填写"无"或"/"。

(16) 用途:商品的用途,一般用途明确的商品也可不填。

(17) 发货日期:按照货物的装运情况填写。

(18) 输往国家(地区):指出口货物的最终销售国或地区(英文)。

(19) 许可证/审批号:需申领许可证或经审批的商品填写,一般商品可空白不填。

(20) 启运地:办理报关出运的地点或口岸,须与合同规定一致。

(21) 到达口岸:指出口货物运往境外的最终目的港,须与合同规定一致。

(22) 生产单位注册号:填写出入境检验检疫机构签发的卫生注册证书号或质量许可证号,没有的可不填。

(23) 集装箱规格、数量及号码:按实际情况填写,可参照配舱通知。

(24) 合同、信用证订立的检验检疫条款或特殊要求:填写对商检机构出具检验证书的要求,即检验检疫条款的内容。检验机构制作证书的检验结果内容时会参考此栏的内容。

(25) 标记及号码:填写实际货物运输包装上的标记,与合同相一致。中性包装或裸装、散装商品应填"N/M",并注明"裸装"或"散装"。

(26) 随附单据：出口商品在报检时，一般应提供外贸合同(或售货确认书及函电)、信用证原本的复印件或副本，必要时提供原本，还有发票及装箱单。合同如果有补充协议的，要提供补充的协议书；合同、信用证有更改的，要提供合同、信用证的修改书或更改的函电。对订有长期贸易合同而采取记账方式结算的，外贸进出口公司每年一次将合同副本送交商检机构。申请检验时，只在申请单上填明合同号即可，不必每批附交合同副本。凡属危险或法定检验范围内的商品，在申请品质、规格、数量、重量、安全、卫生检验时，必须提交商检机构签发的出口商品包装性能检验合格单证，商检机构凭此受理上述各种报检手续。

(27) 需要证单名称：按照合同、信用证及有关国际条约规定，必须经检验检疫机构检验并签发证书的，应在报检单上准确注明所需检验检疫证书的种类和数量(在 SimTrade 中通关单必须选择)。

(28) 检验检疫费：此栏目由出入境检验检疫机关填写。

(29) 签名：由出口商公司法人签名。

(30) 领取证单：应在检验检疫机构受理报检日现场由报检人填写。

2. 商业发票。

商业发票又称为发票，是出口贸易结算单据中最重要的单据之一，所有其他单据都应以它为中心来缮制。因此，在制单顺序上，往往首先缮制商业发票。商业发票是卖方对装运货物的全面情况(包括品质、数量、价格，有时还有包装)详细列述的一种货款价目的清单。它常常是卖方陈述、申明、证明和提示某些事宜的书面文件；另外，商业发票也是作为进口国确定征收进口关税的基本资料。

一般来说，发票无正副本之分。来证要求几份，制单时在此基础之上多制一份供议付行使用。如需正本，加打"ORIGINAL"。商业发票如表 4-4 所示。

(1) 出票人(ISSUER)：填写出票人(即出口商)的英文名称和地址，在信用证支付方式下，应与信用证受益人的名称和地址保持一致。

(2) 受票人(TO)：也称抬头人，此项必须与信用证中所规定的严格一致。多数情况下填写进口商的名称和地址，且应与信用证开证申请人的名称和地址一致。如信用证无规定，即将信用证的申请人或收货人的名称、地址填入此项。如信用证中无申请人名字则用汇票付款人。在其他支付方式下，可以按合同规定填入买方名址。

(3) 发票号(NO.)：一般由出口企业自行编制。在 SimTrade 中，该编号由系统自动生成。

(4) 发票日期(DATE)：在全套单据中，发票是签发日最早的单据。它只要不早于合同的签订日期，不迟于提单的签发日期即可。一般都是在信用证开证日期之后、信用证有效期之前。

表 4-4　商业发票

ISSUER GRAND WESTERN FOODS CORP. Room2501,Jiafa Mansion, Beijing West Road, Nanjing 210005, P.R.China			**商业发票** **COMMERCIAL INVOICE**		
TO Carters Trading Company, LLC P.O.Box8935,New Terminal, Lata. Vista, Ottawa, Canada			**NO.** STINV000001		**DATE** 2004-08-20
TRANSPORT DETAILS From Nanjing to Toronto on Sep. 10, 2004 By Vessel.			**S/C NO.** Contract01		**L/C NO.** STLCN000001
			TERMS OF PAYMENT L/C		
Choice	**Marks and Numbers**	**Description of goods**	**Quantity**	**Unit Price**	**Amount**
				CIF TORONTO	
○	CANNED SWEET CORN CANADA C/NO.1-800 MADE IN CHINA	CANNED SWEET CORN 3060Gx6TINS/CTN	800CARTON	USD14	USD11200
					[添 加][修 改][删 除]
			Total: [800][CARTON]		[USD][11200]

SAY TOTAL: U.S.DOLLARS ELEVEN THOUSAND TWO HUNDRED ONLY

(写备注处)

GRAND WESTERN FOODS CORP. (公司名称)

Minghua Liu (法人签名)

(5) 运输说明(TRANSPORT DETAILS):填写运输工具或运输方式，一般要加上运输工具的名称，运输航线要严格与信用证一致。如果在中途转运，在信用证允许的条件下，应表示转运及其地点。

(6) 合同号(S/C NO.):发票的出具都有买卖合同作为依据，但买卖合同不都以“S/C”为名称，有时出现“order”、“P. O.”、“contract”等。

(7) 信用证号(L/C NO.):信用证方式下发票需填列信用证号码，作为出具该发票的依据；非信用证方式本项留空。

(8) 支付条款(TERMS of PAYMENT):填写支付方式。

(9) 唛头及件数编号(Marks and Numbers):唛头即运输标志，既要与实际货物一致，还应与提单一致，并符合信用证的规定。无唛头时，应注“N/M”。

(10) 货物描述、包装种类和件数(Description of goods; Number and kind of packages):是发票的主要部分，包括商品的名称、规格、包装、数量、价格等内容。品名规格应该严格按照信用证的规定或描述填写。货物的数量应该与实际装运货物相符，同时符合信用证的要求。

(11) 数量(Quantity):货物的数量，与计量单位连用。注意该数量和计量单位既要与实际装运货物情况一致，又要与信用证要求一致。

(12) 单价(Unit Price):单价由四个部分组成，即计价货币、计量单位、单位数额和价格术语。如果信用证有规定，应与信用证保持一致；若信用证没规定，则应与合同保持一致。

(13) 金额小计(Amount):列明币种及各项商品总金额(总金额＝单价×数量)。除非信用证上另有规定，货物总值不能超过信用证金额。若信用证没规定，则应与合同保持一致。

(14) SAY TOTAL:以大写文字写明发票总金额，必须与数字表示的货物总金额一致。

(15) 特殊条款(Special terms):在相当多的信用证中，还出现要求在发票中证明某些事项的条款，譬如，发票内容正确、真实、货物产地等证明，这些均应照信用证要求办理。

(16) 签名(Signature):根据《UCP600》条款规定，如果信用证没有特殊要求，发票无须签字，但是必须表明系由受益人出具。如果信用证要求签字(Signed)发票，由出口公司的法人代表或者经办制单人员代表公司在发票右下方签名，上方空白栏填写公司英文名称，下方则填写公司法人英文名称。

发票的出票人一般为信用证的受益人，如果是可转让信用证或其表明接受第三方单据，则出票人可为受让人或第三者。

3. 装箱单。

装箱单又称为花色码单，重点说明包装情况，包装条件和每件的毛重、净重等方面的内容，是信用证经常要求的单据之一，也是发票的辅助单据。装箱单如表4-5所示。

表 4-5　装箱单

ISSUER

GRAND WESTERN FOODS CORP.
Room2501,Jiafa Mansion, Beijing West Road,
Nanjing 210005, P.R.China

装箱单

PACKING LIST

TO

Carters Trading Company, LLC
P.O.Box8935,New Terminal, Lata. Vista, Ottawa, Canada

INVOICE NO.	DATE
STINV000001	2004-08-20

Choice	Marks and Numbers	Description of goods	Package	G.W	N.W	Meas.
○	CANNED SWEET CORN CANADA C/NO.1-800 MADE IN CHINA	CANNED SWEET CORN 3060Gx6TINS/CTN	800CARTON	16156.8KGS	14688KGS	20.5888CBM

[添 加] [修 改] [删 除]

Total: [800 CARTON] [16156.8 KGS] [14688 KGS] [20.5888 CBM]

SAY TOTAL: EIGHT HUNDRED CARTONS ONLY

(写备注处)

GRAND WESTERN FOODS CORP.(公司名称)
Minghua Liu(法人签名)

(1) 出单方(ISSUER):出单人的名称与地址,应与发票的出单方相同。在信用证支付方式下,此栏应与信用证受益人的名称和地址一致。

(2) 受单方(TO):受单方的名称与地址,与发票的受单方相同。多数情况下填写进口商的名称和地址,并与信用证开证申请人的名称和地址保持一致。在某些情况下也可不填,或填写“To whom it may concern”(致有关人)。

(3) 发票号(INVOICE NO.):与发票号码一致。

(4) 日期(DATE):装箱单缮制日期。应与发票日期一致,不能迟于信用证的有效期及提单日期。

(5) 唛头及件数编号(Marks and Numbers):与发票一致,有的注实际唛头,有时也可以只注“as per invoice No. ×××”。

(6) 包装种类和件数、货物描述(Number and kind of packages; Description of goods):要求与发票一致。货名如有总称,应先注总称,然后逐项列明每一包装件的货名、规格、品种等内容。

(7) 外包装件数(Package):填写每种货物的包装件数,最后在合计栏处注外包装总件数。

(8) 毛重(G. W):注明每个包装件的毛重和此包装件内不同规格、品种、花色货物各自的总毛重,最后在合计栏处注总毛重。信用证或合同未要求,不注亦可。

(9) 净重(N. W):注明每个包装件的净重和此包装件内不同规格、品种、花色货物各自的总净重,最后在合计栏处注总净重。信用证或合同未要求,不注亦可。

(10) 箱外尺寸(Meas.):注明每个包装件的体积,最后在合计栏处注总体积。信用证或合同未要求,不注亦可。

(11) SAY TOTAL:以大写文字写明总包装数量,必须与数字表示的包装数量一致。

(12) 签名(Signature):由出口公司的法人代表或者经办制单人员代表公司在装箱单右下方签名,上方空白栏填写公司英文名称,下方则填写公司法人英文名称。

三、实验步骤与具体操作

在 SimTrade 中,交易商品是否需要出口检验,可在“淘金网”的“税率查询”页,输入商品的海关编码进行查询,查到相对应的监管条件后,点击代码符号,各代码的意义均列明于其中。若适用规定为必须取得出境货物通关单者,则应依规定办理出口检验。

(一)准备相关单据

1. 添加“出境货物报检单”进行填写。

2. 再分别添加“商业发票”与“装箱单”进行填写。

3. 填写完成后分别点“检查”,确认通过。

注意:出境货物报检单里的“报检单位登记号”请到公司基本资料中查找;“运输工具名称号码”即船名,请到订舱后给出的“配舱通知”中查找;装箱单中各项重量体积的计算请参考在线帮助中的“了解产品的基本特点”。

(二)申请出口检验

1. 回到“业务中心”,点“检验机构”。

2. 再点“申请报检”,选择单据“销货合同”、“信用证”、“商业发票”、“装箱单”、“出境货物报检单”后,点“报检”。

3. 报检完成后,检验机构签发“出境货物通关单”及出口商申请签发的相应检验证书。

第三节　办理保险

一、实验目的与要求

1. 了解办理保险的流程。

2. 学会制作货物运输保险投保单。

3. 了解如何在国际贸易货物运输过程中减少风险,熟悉与掌握价格术语CIF、CFR、FOB的细节与运用技巧。

二、实验的主要内容

(一)国际货物运输保险的流程

在国际贸易中,货物从卖方到买方手中,通常要经过长途的运输、装卸和存储等流转环节,在这个过程中货物可能遇到各种各样的风险和遭受各种损失。为了在货物受损时能得到经济上的补偿,买方或卖方应在货物启运前,向保险公司办理货物的运输保险。

所谓货物的运输保险是指:投保人(The Insured,在FOB、CFR术语下为买方,在CIF术语下为卖方)对一批或若干批货物向保险人(The Insurer,即保险公司),按一定的金额投保一定的险别,并缴纳保险费;保险人承保后签发保险单作为承保的凭证，如果所保的货物在运输过程中发生承保风险造成的损失，则保险公司应按它出具的保险单的规定给予被保险人经济上的补偿。

在以 CIF 术语成交时，一般由出口公司作为投保人向保险公司办理投保手续。具体流程是：根据合同或信用证的规定，在备齐货物确定装船出运后（一般是在收到船公司有关配船的资料，如经船公司签署的配舱回单后），出口公司应该在货物装船前向保险公司填制一份《货物运输保险投保单》。这是保险公司接受投保、出具保险单的依据。保险公司收到出口公司递交的投保单后，根据有关规定，经审核后确定是否承保。如保险公司同意承保则向投保人发回承保回执，列明：保险单号码、保险单日期、投保日期，并向其收取保险费。而出口公司则凭保险公司发回的承保回执缮制保险单，并将保险单送交保险公司确认签署。经保险公司签署后的保险单即成为向银行议付的重要单据之一。

（二）国际货物运输保险投保单的内容和缮制

凡按 CIF 和 CIP 条件成交的出口货物，由出口企业向当地保险公司逐笔办理投保手续。在办理时应注意：应根据出口合同或信用证规定，在备妥货物并已确定装运日期和运输工具后，按约定的保险险别和保险金额，向保险公司投保。投保时应填制投保单并支付保险费（保险费＝保险金额×保险费率），保险公司凭此出具保险单或保险凭证。

投保的日期应不迟于货物装船的日期。投保金额若合同没有明确规定，应按 CIF 或 CIP 价格加成 10%，如买方要求提高加成比率，一般情况下可以接受，但增加的保险费应由买方承担。国际货物运输保险投保单如表 4-6 所示。

1. 投保人：填投保人公司名称，如为出口商投保请填公司中文名称。

2. 投保日期：指填投保单的日期。

3. 发票号码：填写此批货物的发票号码。

4. 被保险人：即投保人或称“抬头”，这一栏填投保人公司的名称。实际上，有些公司会填写“见发票”字样。

货物出运后，风险转由进口商承担。因此，如属出口商投保，可将自己公司的中文名称填在“客户抬头”栏，而将进口商公司名称填在“过户”栏，便于货物发生意外后进口商向保险公司索赔；如属进口商投保，则直接将自己公司名称填在“抬头”栏，而“过户”栏留空。

5. 保险金额：保险金额＝CIF 货价×（1＋保险加成率）。在进出口贸易中，根据有关的国际贸易惯例，保险加成率通常为 10%，当然，出口人也可以根据进口人的要求与保险公司约定不同的保险加成率。

6. 启运港：按提单填写。

表 4-6　货物运输保险投保单

投保人：　宏昌国际股份有限公司　　　　　　　　　　投保日期：　2004-08-25

发票号码	STINV000001		投保条款和险别
被保险人	客户抬头 宏昌国际股份有限公司 过户 Carters Trading Company, LLC		(　) PICC CLAUSE (√) ICC CLAUSE (　) ALL RISKS (　) W.P.A./W.A. (　) F.P.A (√) WAR RISKS (　) S.R.C.C (　) STRIKE (√) ICC CLAUSE A (　) ICC CLAUSE B (　) ICC CLAUSE C (　) AIR TPT ALL RISKS (　) AIR TPT RISKS (　) O/L TPT ALL RISKS (　) O/L TPT RISKS (　) TRANSHIPMENT RISKS (　) W TO W (　) T.P.N.D. (　) F.R.E.C. (　) R.F.W.D. (　) RISKS OF BREAKAGE (　) I.O.P.
保险金额	[USD　　　　][12320　　　　]		
启 运 港	Nanjing		
目 的 港	Toronto		
转 内 陆			
开航日期	2004-09-10		
船名航次	Zaandam, DY105-09		
赔款地点	Canada		
赔付币别	USD		
保单份数			
其他特别条款			
以下由保险公司填写			
保单号码		签单日期	

7. 目的港：按提单填写。

8. 转内陆：按实际情况填写。

9. 开航日期：可只填“As Per B/L”，也可根据提单签发日具体填写，如为备运提单，应填装船日。

10. 船名航次：海运方式下填写船名加航次。铁路运输加填运输方式“By railway”加车号；航空运输为“By air”；邮包运输为“By parcel post”。

11. 赔款地点：严格按照信用证规定打制；如来证未规定，则应打目的地或目的港。如信用证规定不止一个目的港或赔付地，则应全部照打。

12. 赔付币别：按出口合同规定的赔付币别填写。

13. 保单份数：根据跟单信用证《UCP600》规定，如保险单据表明所出具正本为1份以上，则必须提交全部正本保单。

14. 投保条款和险别：投保条款包括PICC CLAUSE中国人民保险公司保险条款、ICC CLAUSE伦敦协会货物险条款，如合同中没有限定投保条款和险别，投保人可自行选择。

15. 其他特别条款：有其他特殊投保条款可在此说明，以分号隔开。

三、实验步骤与具体操作

1. 准备相关单据。

(1) 添加“货物运输保险投保单”进行填写。

(2) 填写完成后点“检查”，确认通过。

注意：其中船名、航次、开航日期等信息请在“配舱通知”中查找，若为进口商投保，则请在出口商发来的“Shipping Advice”中查找。

2. 办理保险。

(1) 回到“业务中心”，点“保险公司”。

(2) 再点“办理保险”，选择单据“商业发票”和“货物运输保险投保单”，点“办理保险”。

(3) 办理完成后，保险公司自动签发“货物运输保险单”。

注意：在CIF术语下，出口商要向保险公司投保，CFR或FOB术语下则由进口商负责。

第四节　出口报关

一、实验目的与要求

1. 了解办理报关的流程。

2. 学会制作出口收汇核销单与出口货物报关单。

二、实验的主要内容

(一)出口通关的步骤和程序

海关在接受报关单位的申报后要经过审核单据、查验货物、办理征税、结关放行等几个步骤。出口通关程序如图4-3所示。

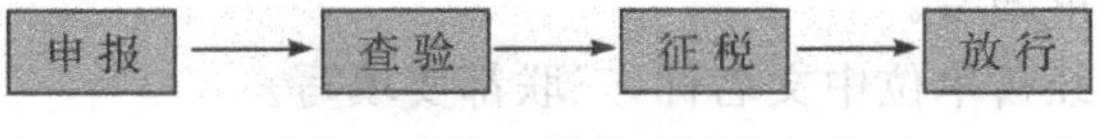

图 4-3　出口通关程序图

1. 申报。

《海关法》规定：出口货物的发货人除海关特批的以外，应当在装货的 24 小时以前向海关申报。报关的方式包括口头申报、书面申报以及 EDI 电子数据交换方式申报。

2. 查验。

查验货物一般在海关监管区内的进出口口岸码头、车站、机场等地进行。

3. 征税。

海关在审核单证和查验货物后，对实际货物征收关税。如果根据规定可减、免、缓、退、保税的，报关单位应向海关送交有关证明文件。

4. 放行。

货物在办完向海关申报、接受查验、缴纳税款等手续后，由海关在货运单据上签章放行。发货人必须凭海关签印放行的货运单据才能发运出口货物。未经海关放行的海关监管货物，任何单位和个人不得发运。

（二）出口收汇核销单的内容和缮制

出口收汇核销单，是指由国家外汇管理局统一管理、统一编写，各分支局核发，出口单位凭以向海关办理出口报关、向银行办理收汇、向外汇管理机构办理出口收汇核销、向税务局办理出口退税申报的重要凭证。出口收汇核销单如表 4-7 所示。

表 4-7　出口收汇核销单

出口收汇核销单
存根

（苏）编号：STECA000001

出口单位：	宏昌国际股份有限公司
单位代码：	00000003-8
出口币种总价：	[USD] [11200]
收汇方式：	L/C
预计收款日期：	2004-10-15
报关日期：	2004-09-10
备注：	
此单报关有效期截止到	

（出口单位盖章）

出口收汇核销单

STECA000001

（苏）编号：STECA000001

出口单位：	宏昌国际股份有限公司			
单位代码：	00000003-8			
银行签注栏	类　别	币种金额	日期	盖　章
		[ ][ ]		
海关签注栏：				
外汇局签注栏：				
		年　月　日（盖章）		

（出口单位盖章）

（海关盖章）

出口收汇核销单
出口退税专用

（苏）编号：STECA000001

出口单位：	宏昌国际股份有限公司		
单位代码：	00000003-8		
选择	货物名称	数　量	币种总价
○	食品	800 Carton	[USD] [11200]
	[添 加] [修 改] [删 除]		
报关单编号：			
外汇局签注栏：			
	年　月　日（盖章）		

未经核销此联不得撕开

1. 编号:核销单编号。

2. 出口单位:经营单位中文名称,三联都要填写。

3. 单位代码:进出口企业在据地主管海关办理注册登记手续时,海关给企业设置的注册登记编码,三联都要填写。在 SimTrade 中该“单位代码”请在公司基本资料中查找。

4. 出口币种总价:按报关单所列货物的成交总值填写,并注明货币名称。

5. 收汇方式:即出口货物的发货人或其代理人收结外汇方式,本栏目应按海关规定的《结汇方式代码表》选择填报相应的结汇方式名称或代码。在 SimTrade 中,有四种结汇方式可用,它们在《结汇方式代码表》中对应的代码分别为:

① 方式:电汇(T/T);代码:1。

② 方式:付款交单(D/P);代码:4。

③ 方式:承兑交单(D/A);代码:5。

④ 方式:信用证(L/C);代码:6。

6. 预计收款日期:根据出口合同或信用证规定预计结汇收款日期。

7. 报关日期:海关放行的日期。

8. 货物序列号:请依顺序写明“1,2,3,4,…”。

9. 货物名称:此处的货物名称并非货物本身名称,而应填写货物所属类别,可在商品详细资料中查到,如“食品”。

10. 数量:货物销售数量。

(三)出口货物报关单的内容和缮制

出口货物报关单是出口商向海关申报出口的重要单据,也是海关直接监督出口行为、核准货物放行及对出口货物汇总统计的原始资料,直接决定了出口外销活动的合法性。出口货物报关单由中华人民共和国海关统一印制。报关单位在报关时必须做到:对报关单各栏项目要详细填写,内容齐全、整洁、准确,避免出现录入错误;不同合同的货物不能填报在一份报关单上;申报人必须做到三相符:即单证相符、单单相符和单货相符。

报关单,如下所示,共 47 项内容,前 32 项称为表头,用于描述进出口货物总体情况;后 15 项称为表体,用于描述每项商品的情况。目前海关已完善了电子通关系统,利用计算机对进出口货物进行全面信息化管理,实现监管、征税、统计三大海关业务一体化管理。出口货物报关单如表 4-8 所示。

表 4-8　出口货物报关单

预录入编号：DS9110002　　　　海关编号：

出口口岸 NANJING PORT	备案号	出口日期 2004-09-10	申报日期 2004-09-10

经营单位 宏昌国际股份有限公司,0000000003	运输方式 江海运输	运输工具名称 Zaandam	提运单号

发货单位 宏昌国际股份有限公司,0000000003	贸易方式 一般贸易	征免性质 一般征税	结汇方式 L/C

许可证号	运抵国(地区) Canada	指运港 Toronto	境内货源地 Nanjing

批准文号	成交方式 CIF	运费 [USD] [3582]	保费 [USD][108.4]	杂费 [ ] [ ]

合同协议号 Contract01	件数 800	包装种类 CARTON	毛重(公斤) 16156.8	净重(公斤) 14688

集装箱号 TBXU3605231*1	随附单据 INVOICE, PACKING LIST,	生产厂家

标记唛码及备注
CANNED SWEET CORN
CANADA
C/NO.1-800
MADE IN CHINA

选择	项号	商品编号	商品名称、规格型号	数量及单位	最终目的国(地区)	单价	总价	币制	征免
○	1	01005	甜玉米罐头每箱6罐，每罐3060克	800CARTON	Canada	14	11200	USD	一般征税

[添 加][修 改][删 除]

税费征收情况

录入员 录入单位	兹声明以上申报无讹并承担法律责任	海关审单批注及放行日期(签章)
报关员 刘铭华	申报单位(签章)	审单　审价
单位地址 南京市北京西路嘉发大厦2501室		征税　统计
邮编 210005　电话 0086-025-23501213	填制日期 2004-09-10	查验　放行

1. 预录入编号：指预录入单位预录入报关单的编号，用于申报单位与海关之间引用其申报后尚未接受申报的报关单(在 SimTrade 中可以不填)。预录入编号由接受申报的海关决定编号规则。报关单录入凭单的编号规则由申报单位自行

决定。

2. 海关编号：指海关接受申报时给予报关单的编号，应标志在报关单的每一联上。此栏报关单位不用填写。

3. 出口口岸：本栏目应根据货物实际进出关境的口岸海关填报《关区代码表》中相应的口岸海关名称及代码。

4. 备案号：指进出口企业在海关办理加工贸易合同备案或征、减、免税审批备案等手续时，海关给予《进料加工登记手册》、《来料加工及中小型补偿贸易登记手册》、《外商投资企业履行产品出口合同进口料件及加工出口成品登记手册》、电子账册及其分册（以下均简称《加工贸易手册》）、《进出口货物征免税证明》（以下简称《征免税证明》）或其他有关备案审批文件的编号。一份报关单只允许填报一个备案号。备案号栏目为12位字符，其中第一位是标记代码。无备案审批文件的报关单，本栏目免予填报。

5. 出口日期：指运载所申报货物的运输工具办结出境手续的日期。本栏目供海关打印报关单证明联用，在申报时免予填报。无实际进出境的报关单填报办理申报手续的日期，以海关接受申报的日期为准。在H883/EDI通关系统中，本栏目为6位数，顺序为年、月、日各2位；在H2000通关系统中，本栏目为8位数字，顺序为年（4位）、月（2位）、日（2位）。

6. 申报日期：指海关接受进出口货物的收、发货人或受其委托的报关企业申请的日期。以电子数据报关单方式申报的，申报日期为海关计算机系统接受申报数据时记录的日期。以纸质报关单方式申报的，申报日期为海关接受纸质报关单并对报关单进行登记处理的日期。在H2000通关系统中，本栏目为8位数字，顺序为年（4位）、月（2位）、日（2位）。

7. 经营单位：经营单位指对外签订并执行进出口贸易合同的中国境内企业、单位或个体工商户。本栏目应填报经营单位名称及经营单位编码。经营单位编码是经营单位在海关办理注册登记手续时，海关给予的注册登记10位编码。在SimTrade中该经营单位海关代码请公司在基本资料中查找。

8. 运输方式：栏目应根据实际运输方式按海关规定的《运输方式代码表》选择填报相应的运输方式。在SimTrade中，货物统一通过江海方式运输，在《运输方式代码表》中对应的代码为2，因此本栏可填“江海运输”或代码“2”。

9. 运输工具名称：指载运货物进出境的运输工具的名称或运输工具编号。本栏目填报内容应与运输部门向海关申报的载货清单所列相应内容一致。一份报关单只允许填报一个运输工具名称。在SimTrade中，运输工具名称即船舶名称，订舱后由船公司在“配舱通知”中给出。

10. 提运单号：指进出口货物提单或运单的编号。本栏目填报的内容应与运输部门向海关申报的载货清单所列相应内容一致。一份报关单只允许填报一个提运单号，一票货物对应多个提运单时，应分单填报。

11. 发货单位：发货单位指出口货物在境内的生产或销售单位，包括①自行出口货物的单位。②委托有外贸进出口经营权的企业出口货物的单位。

本栏目同"经营单位"栏一样，应填报发货单位的中文名称及其海关注册编码。加工贸易报关单的收、发货单位应与《加工贸易手册》的"货主单位"一致；减免税货物报关单的收、发货单位应与《征免税证明》的"申请单位"一致。

12. 贸易方式：本栏目应根据实际情况，并按海关规定的《贸易方式代码表》选择填报相应的贸易方式简称或代码。在 SimTrade 中，货物进出口通常都为一般贸易，在《贸易方式代码表》中对应的代码为"0110"，因此本栏可填"一般贸易"或代码"0110"。

13. 征免性质：本栏目应按照海关核发的《征免税证明》中批注的征免性质填报，或根据实际情况按海关规定的《征免性质代码表》选择填报相应的征免性质简称或代码。一份报关单只允许填报一种征免性质。在 SimTrade 中，货物通常都适用于一般征税，在《征免性质代码表》中对应的代码为"101"，因此本栏可填"一般征税"或代码"101"。

14. 结汇方式：出口报关单应填报结汇方式，即出口货物的发货人或其代理人收结外汇的方式。本栏目应按海关规定的《结汇方式代码表》选择填报相应的结汇方式名称或代码。

15. 许可证号：应申领出口许可证的货物，必须在此栏目填报商务部及其授权发证机关签发的出口货物许可证的编号，不得为空。一份报关单只允许填报一个许可证号。在 SimTrade 中本栏可以不填。

16. 运抵国(地区)：运抵国(地区)指出口货物离开我国关境直接运抵或者在运输中转国(地)未发生任何商业性交易的情况下最后运抵的国家(地区)。

17. 指运港：指运港即出口货物运往境外的最终目的港；最终目的港不可预知的，可按尽可能预知的目的港填报。

18. 境内货源地：本栏目应根据进口货物的收货单位、出口货物生产厂家或发货单位所属国内地区，并按海关规定的《国内地区代码表》选择填报相应的国内地区名称或代码。

19. 批准文号：出口报关单本栏目用于填报《出口收汇核销单》编号。

20. 成交方式：本栏目应根据实际成交价格条款按海关规定的《成交方式代码表》选择填报相应的成交方式或代码。无实际出境的，填报 FOB 价。

在 SimTrade 中，有三种成交方式可用，它们在《成交方式代码表》中的代码分别为：

① 方式：CIF；代码：1。

② 方式：CFR；代码：2。

③ 方式：FOB；代码：3。

21. 运费：本栏目用于成交价格中含有运费的出口货物，应填报该份报关单所含全部货物的国际运输费用。可按运费单价、总价或运费率三种方式之一填报，同时注明运费标记，并按海关规定的《货币代码表》选择填报相应的币种代码。如非 CIF 方式，则本栏可不填。

运保费合并计算的，运保费填报在本栏目。运费标记“1”表示运费率，“2”表示每吨货物的运费单价，“3”表示运费总价。H2000 通关系统下：运费标记填写在运费标记处；运费价格填写在运费价格处；运费币制填写在运费币制处。

在 SimTrade 中，本栏统一以运费总价填报，填写格式为：币种＋金额，如：USD1600.25。具体金额请参考“配舱通知”。

22. 保费：本栏目用于成交价格中含有保险费的出口货物，应填报该份报关单所含全部货物国际运输的保险费用。可按保险费总价或保险费率两种方式之一填报，同时注明保险费标记，并按海关规定的《货币代码表》选择填报相应的币种代码。运保费合并计算的，运保费填报在运费栏目中。保险费标记“1”表示保险费率，“3”表示保险费总价。H2000 通关系统下：保费标记填写在保费标记处；保费总价填写在保费总价处；保费币制填写在保费币制处。在 SimTrade 中，本栏统一以保险费总价填报，填写格式为：币种＋金额，如：USD815.36。

23. 杂费：指成交价格以外的、应计入完税价格或应从完税价格中扣除的费用，如手续费、佣金、回扣等，可按杂费总价或杂费率两种方式之一填报，同时注明杂费标记，并按海关规定的《货币代码表》选择填报相应的币种代码。应计入完税价格的杂费填报为正值或正率，应从完税价格中扣除的杂费填报为负值或负率。杂费标记“1”表示杂费率，“3”表示杂费总价。H2000 通关系统下：杂费标记填写在杂费标记处；杂费总价填写在杂费总价处；杂费币制填写在杂费币制处。在 SimTrade 中，本栏统一以杂费总价填报，填写格式为：币种＋金额，如：USD130。如没有可不填。

24. 合同协议号：本栏目应填报进(出)口货物合同(协议)的全部字头和号码。

25. 件数：本栏目应填报有外包装的出口货物的实际件数。本栏目不得填报为“0”，裸装货物填报为“1”。在 SimTrade 中，本栏应填入包装总件数，计算方法请参照在线帮助里“了解产品的基本特点”。

26. 包装种类：本栏目应根据出口货物的实际外包装种类，按海关规定的《包装种类代码表》选择填报相应的包装种类代码。在 SimTrade 中，货物包装种类请在商品详细资料里查找，通常为"Carton"(纸箱)。

27. 毛重(公斤)：本栏目填报出口货物实际毛重，计量单位为公斤，不足 1 公斤的填报为"1"。在 SimTrade 中，总毛重计算方法请参照在线帮助里"了解产品的基本特点"。

28. 净重(公斤)：指货物的毛重减去外包装材料后的重量，即商品本身的实际重量。本栏目填报出口货物的实际净重，计量单位为公斤，不足 1 公斤的填报为"1"。在 SimTrade 中，总净重计算方法请参照在线帮助里"了解产品的基本特点"。

29. 集装箱号：集装箱号是在每个集装箱箱体两侧标示的全球唯一的编号。在 SimTrade 中可不填。本栏目用于填报和打印集装箱编号及数量。集装箱数量四舍五入填报整数，非集装箱货物填报为"0"。一个集装箱填一条记录，分别填报集装箱号、规格和自重。

30. 随附单据：指随出口货物报关单一并向海关递交的单证或文件，合同、发票、装箱单、许可证等必备的随附单证不在本栏目填报。

31. 生产厂家：生产厂家指出口货物的境内生产企业，本栏目供必要时手工填写。

32. 标记唛码及备注：与合同相关内容一致，请参照"Shipping Mark"栏，本栏填写下列内容。

① 标记唛码中除图形以外的文字、数字。

② 受外商投资企业委托代理其进口投资设备、物品的进出口企业名称。

③ 与本报关单有关联的，同时在业务管理规范方面又要求填报的备案号，如加工贸易结转货物及凭《征免税证明》转内销货物，其对应的备案号应填报在"关联备案"栏。

④ 与本报关单有关联的，同时在业务管理规范方面又要求填报的报关单号，应填报在"关联报关单"栏。

33. 项号：本栏目分两行填报及打印。第一行打印报关单中的商品排列序号；第二行专用于加工贸易等已备案的货物，填报和打印该货物在《加工贸易手册》中项号。加工贸易合同项下进出口货物，必须填报与《加工贸易手册》一致的商品项号，所填报项号用于核销对应项号下的料件或成品数量。在 SimTrade 中，本栏请依序填列商品项目，有几项填几项。如果只有单项商品，仍要列明项目"1"；如果商品品名有多项，则必须按"1，2，3，…"分行列出。

34. 商品编号：指按海关规定的商品分类编码规则确定的出口货物的商品编号。加工贸易《登记手册》中商品编号与实际商品编号不符的，应按实际商品编号填报。在 SimTrade 中，本栏应与合同中的“Product No.”项相一致。

海关编码，按《商品分类及编码协调制度》8 位数字填写。在 SimTrade 中，海关编码请在商品基本资料中查找。

35. 商品名称、规格型号：本栏目分两行填报及打印。第一行打印出口货物规范的中文商品名称，第二行打印规格型号，必要时可加注原文。

36. 数量及单位：指出口商品的实际数量及计量单位。本栏目分三行填报及打印。具体填报要求如下：

① 进出口货物必须按海关法定计量单位填报，法定第一计量单位及数量打印在本栏目第一行。

② 凡海关列明第二计量单位的，必须报明该商品第二计量单位及数量，打印在本栏目第二行。无第二计量单位的，本栏目第二行为空。

③ 成交计量单位及数量应当填报并打印在第三行。

37. 最终目的国（地区）：本栏目应按海关规定的《国别（地区）代码表》选择填报相应的国家地区名称或代码。

38. 单价：本栏目应填报同一项号下出口货物实际成交的商品单位价格。海关估价时，应在 H2000 通关系统“海关单价”栏修改。无实际成交价格的，本栏目填报货值。

39. 总价：本栏目应填报同一项号下出口货物实际成交的商品总价。海关估价时，应在 H2000 通关系统“海关总价”栏修改。无实际成交价格的，本栏目填报货值。

40. 币制：本栏目应根据实际成交情况按海关规定的《货币代码表》选择填报相应的货币名称或代码，如《货币代码表》中无实际成交币种，需转换后填报。

41. 征免：本栏目应按照海关核发的《征免税证明》或有关政策规定，对报关单所列每项商品，选择填报海关规定的《征减免税方式代码表》中相应的征减免税方式。在 SimTrade 中，货物通常都适用于一般征税，在《征免性质代码表》中对应的代码为“101”，因此本栏可填“一般征税”或代码“101”。

42. 税费征收情况：本栏目供海关批注出口货物税费征收及减免情况。

43. 录入员：本栏目用于记录预录入操作人员的姓名并打印。

44. 录入单位：本栏目用于记录并打印电子数据报关单的录入单位名称。

45. 申报单位、报关员、单位地址、邮编、电话：申报单位指对申报内容的真实性直接向海关负责的企业或单位。自理报关的，应填报出口货物的经营单位名称及代码;委托代理报关的,应填报经海关批准的专业或代理报关企业名称及代码。

本栏目还包括报关单位地址、邮编和电话等分项目,由申报单位的报关员填报。

46. 填制日期:指报关单的填制日期。电子数据报关单的填制日期由计算机自动打印。在H2000通关系统中,本栏目为8位数字,顺序为年(4位)、月(2位)、日(2位)。

47. 海关审单批注及放行日期(签章):本栏目指供海关内部作业时签注的总栏目,由海关关员手工填写在预录入报关单上。其中"放行"栏填写海关对接受申报的进出口货物作出放行决定的日期。

三、实验步骤与具体操作

1. 申领核销单。

(1) 在业务中心点"外管局"。

(2) 选择"申领核销单",即可从外管局取得"出口收汇核销单"。

(3) 接下来再到单据列表中进行填写。

(4) 填写完成后点"检查",确认通过。

2. 备案。

点"海关",再点"备案",凭填好的出口收汇核销单办理备案。

3. 送货。

点"备案"右边的"送货",将货物送到海关指定地点。

4. 报关。

(1) 添加"出口货物报关单"进行填写。

(2) 填写完成后点"检查",确认通过。

(3) 再到海关,点"送货"右边的"报关"。

(4) 选择单据"商业发票"、"装箱单"、"出境货物通关单"(不需出口检验的商品可免附)、"出口收汇核销单"、"出口货物报关单",点"报关"。

(5) 完成报关的同时,货物自动装船出运。

第五节 装船出运

一、实验目的与要求

学会制作装船通知。

二、实验的主要内容

在国际贸易中,习惯做法是发货人在装运货物后应立即通知买方,一般买方安排接货事宜,如订租仓库、安排接货运输工具、报关等。特别是在 FOB 和 CFR 条件下,更应及时通知买方,以便买方办理保险,否则,因未及时通知而使买方漏保,货在运输途中发生损失,应由卖方负责。有时,买方为了督促卖方履行通知的义务,还会在信用证中要求受益人在交单时提交装船通知的副本作为议付单据之一。

装船通知(Shipping Advice,又称 declaration of shipment 或 notice of shipment),系出口商向进口商发出货物已于某月某日或将于某月某日装运某船的通知。装运通知的内容通常包括货名、装运数量、船名、装船日期、契约或信用证号码等。这项通知的方式,大多是电报方式,也有用航邮方式的。装运通知的作用在于方便买方保险、准备提货手续或转售;出口商作此项通知时,有时还附上或另行寄上货运单据副本,以便进口商明了装货内容,用于防止货运单据正本迟到时,可及时办理担保提货(delivery against letter of guarantee)。装船通知如表 4-9 所示。

1. Messrs:填写进口商名称及地址。
2. Invoice No.:填写此笔交易对应的商业发票号码。
3. Date:填写装船通知开发日期。
4. L/C No.:填写此笔交易对应的信用证号码。
5. Purchase order No.:填写此笔交易对应的销货合同号码。
6. Vessel:填入装运船名与航次,请参考"配舱通知",须与 B/L、Invoice、其他单据相同。
7. Port of Loading:启运港,须与 B/L 一致。
8. Port of Discharge:目的地,须与 B/L 一致。
9. On Board Date:写明装船日期,请参考"配舱回单"。
10. Estimated Time of Arrival:写明预定抵埠日期。
11. Container:写明集装箱个数及种类,请参考"配舱通知"。

表 4-9 装船通知

Messrs.
Carters Trading Company, LLC
P.O.Box8935,New Terminal, Lata. Vista, Ottawa, Canada

Invoice No. STINV000001

Date: 2004-09-10

Particulars

1.L/C No. STLCN000001

2.Purchase order No. Contract01

3.Vessel: Zaandam

4.Port of Loading: Nanjing

5.Port of Dischagre: Toronto

6.On Board Date: 2004-09-10

7.Estimated Time of Arrival: 2004-09-22

8.Container: 20' X 1

9.Freight: [USD] [3582]

10.Description of Goods:

CANNED SWEET CORN
3060Gx6TINS/CTN

11.Quantity:[800] [CARTON]

12.Invoice Total Amount: [USD] [11200]

Documents enclosed

1.Commercial Invoice: 1

2.Packing List: 1

3.Bill of Lading: 1(Duplicate)

4.Insurance Policy: 1(Duplicate) 2 Copies

Very truly yours, GRAND WESTERN FOODS CORP.
Minghua liu

Manager of Foreign Trade Dept.

12. Freight：写明海运费总金额，请参考“配舱通知”。

13. Description of Goods：指所装运的货品内容，按实际情况填写。

14. Quantity：货物数量，须与商业发票所记载相同。

15. Invoice Total Amount：货物总价，须与商业发票所记载相同。如：USD6950.00。

16. Documents enclosed：装船通知的作用在于方便买方购买保险或准备提货

手续，出口商作此项通知时，有时附上或另行寄上货运单据（押汇单证）之副本，以便进口商明了装货内容，并可于货运单据正本迟到或遗失时，及时办理担保提货手续。

17. Commercial Invoice：写明所需商业发票份数。如：1(Duplicate) 2Copies。

18. Packing List：写明所需包装单份数。

19. Bill of Lading：写明所需提单份数。

20. Insurance Policy：写明所需保险单份数。

21. 下方空白栏：如还有其他单据随附，请填于下方空白栏。

22. 右下方空白栏：填写出口商公司名称。

23. Manager of Foreign Trade Dept.：负责人签字。与商业发票相同，应由出口商签署。

三、实验步骤与具体操作

1. 取回提单。

在业务中心点“船公司”，再点“取回提单”，将提单取回。

2. 发送装船通知。

(1) 添加“Shipping Advice”进行填写。

(2) 填写完成后点“检查”，确认通过。

(3) 回到业务中心，点“船公司”。

(4) 再点“发送装船通知”，将装船通知发送给进口商。

注意：其中“Vessel”一栏最好将船名与航次同时填上，另外“Container”栏也请参考“配舱通知”填写。

3. 进口商收取装船通知。

(1) 收取装船通知已发送的通知邮件。

(2) 到“业务中心”点“出口商”，再点“查看单据列表”，可查看“Shipping Advice”的内容。

注意：在 FOB、CFR 交易方式下，保险由进口商办理，进口商须凭此装船通知内容填写投保单办理保险。

第五章 出口结汇与退税

第一节 出口结汇

一、实验目的与要求

1. 掌握出口结汇的主要流程。

2. 制作结汇需要的相应单证。

3. 了解制单的注意事项。

二、实验的主要内容

货物出运后，出口商应制作普惠制原产地证书、到出入境检验检疫局申请原产地证书、制作汇票，连同提单、保险单、装箱单、商业发票等单据，将备齐的相关单据交出口地银行或进口商办理收汇手续。

汇付方式中的预付货款，因出口商在出货前已经拿到货款，此时只需将单据寄交进口商即可；赊账方式则先将单据寄交进口商，进口商在约定的时间付款。

托收方式下，出口商应将备齐的相关单据交出口地银行并委托其向进口商收款，银行凭进口商的付款或承兑交出单据，收到进口商支付的货款后转给出口商。

信用证项下，出口商备齐信用证要求的全套单据交出口地银行（议付行），出口地银行根据信用证审核海运提单、汇票、保险单、装箱单、商业发票、原产地证书等相关单据，在单证相符的情况下将款项议付给出口商，或将相应单据送开证行，待开证行判断单证相符并支付货款后，将相应款项支付给出口商。

（一）单据制作的要求

货物装船启运后，出口商就进入制单结汇的环节了，CIF 条件下贸易属于典型的“象征性交货”（Symbolic Delivery）贸易方式，“象征性交货”方式以单据买卖作为核心，主要特点是“凭单交货、凭单付款”，即出口商在提交了符合信用证规定的相关单据后，就视为履行了交货义务并可据此收取货款。出口商制单时应注意以下事项：

1. 准确性。

《UCP600》第五条明确指出："银行处理的是单据，而不是单据所涉及的货物、服务或其他行为。"因此，尽管在交易中买卖的是货物，但在结汇时，单证是货物买卖的基础和依据。如果受益人即出口商不能提交与信用证要求相符的单据，开证行可以拒付。即使在托收或汇付方式下，不合格的单据也往往会导致进口商的拒付。所以单证的准确性是制单的前提，这就要求制作单据人员工作时必须认真，细致地满足单证相符、单单相符、单内相符的原则。

《UCP600》将单据与信用证相符的要求细化为"单内相符，单单相符，单证相符"。所谓"单内相符"即单据与信用证要表面相符，要求信用证的条款必须在单据上体现，信用证的要求必须在单据上照办。例如，如果信用证规定：Certificate of Origin GSP Form A for France must be established both in English and French Language，则该信用证项下的普惠制产地证应用英文和法文填写，而不是通常的英文格式。不同单据之间也要表面相符，单据内容必须在表面上具备所要求的单据的功能。

合格的单据不仅仅受到信用证、合同的约束，而且为保证其正确性与有效性，还应该符合国际贸易惯例、各国行业法律和规则的要求。比如汇票、商检证书等的不少内容项的填写，不同国家都有其规范。

2. 完整性。

完整性的内容包括：(1) 成套单证群体的完整性；(2) 每一种单据的所填内容必须完备齐全；(3) 单据的份数齐全，尤其是提单的份数。

所交的单证必须是一套完整的单据，包括单证的格式、商品、文字、签章、背书等。如一式三份，必须是一张正本加上两张副本单据。如果是要求一式三张正本，必须在单据上表明三张都是正本，并附有权签字人的手签或签章。信用证要求提供的单据和条款必须要全部做到，不能有遗漏、差错和误期等现象。

3. 及时性。

进出口单据时效性极强，必须要在信用证规定的期限内完成，以保证整套单据的完整无缺。有一些单据需要办一定的手续，必须及时催办，防止误期。

首先，出单要及时。各种单据的出单日期必须合理可行，不能超过信用证有效期或按商业习惯的合理日期。比如，保险单日期早于或等于提单的签发日期；提单日期不得迟于装运期；装运通知书必须在货物装运后立即发出。

其次，交单要及时。向银行交单议付不能超过信用证规定的交单期。如果信用证未规定交单期，则根据《UCP600》的规定，银行将拒收迟于运输单据出单日期21天后提交的单据，但单据也不得迟于信用证到期日提交。

（二）出口主要单据的内容和缮制

出口的单据包括汇票、运输单、保险单、发票、装箱单、商检证书、原产地证书、受益人证明、装运通知证实副本、船公司证明等。信用证中以海运提单、商业发票、装箱单、保险单、汇票和原产地证书最为常见且有较为固定的格式，前五项单据的填制要求和方法在前面的实验环节已有详细的说明，本节主要介绍原产地证书和汇票的制作事项。

1. 原产地证书。

原产地证书简称产地证，是证明商品原产地，即货物的生产或制造地的一种证明文件，是商品进入国际贸易领域的“经济国籍”，是进口国对货物确定税率待遇，进行贸易统计，实行数量限制（如配额、许可证等）和控制从特定国家进口（如反倾销税、反补贴税）的主要依据之一。《中华人民共和国出口货物原产地证明书》是证明有关出口货物原产地为中华人民共和国的证明文件。原产地证明书一般有三大类：第一类是一般原产地证明书；第二类是普惠制原产地证明书；第三类是某些专业性原产地证明书。

（1）一般原产地证书（Certificate of Origin，简称 CO）：一般原产地证书是证明货物原产于某一特定国家或地区，享受进口国正常关税（最惠国）待遇的证明文件。在我国，是证明中国出口货物符合中华人民共和国出口货物原产地规则，货物系中华人民共和国原产地的证明文件。一般原产地证书如表 5-1 所示。

产地证明书一般由出口地的公证行或工商团体签发，可由中国出入境检验检疫局或贸促会签发。至于产地证由谁出具或者出具何种产地证，应按信用证规定的来办理。

① 证书编号（Certificate No.）：此栏不得留空，否则此证书无效。在 SimTrade 中，该编号由系统自动产生。

② 出口方（Exporter）：填写出口方英文名称、详细地址及国家（地区）。一般填写有效合同的卖方，要同出口发票上的公司名称一致。地址部分要填写详细地址，包括街道名称、门牌号码等。此栏要注意不能填境外的中间商，即使信用证有此规定也不行。如果经由其他国家或地区需填写转口名称时，可在出口商后面加英文“VIA”，然后填写转口商名称、地址和国家地区。

③ 收货人（Consignee）：最终收货方的英文名称、详细地址及国家（地区）。通常是合同的买方或信用证规定的提单通知人。如果来证要求所有单证收货人留空，应加注“To whom it may concern”或“To order”，但不得留空。若需填写转口商名称，可在收货人后面加英文“VIA”，然后加填转口商名称、地址和国家（地区）。

表 5-1　一般原产地证书

ORIGINAL

1.Exporter
GRAND WESTERN FOODS CORP.
Room2501,Jiafa Mansion, Beijing West road, Nanjing 210005,
P.R.China

Certificate No.　STCOC000138

CERTIFICATE OF ORIGIN
OF
THE PEOPLE'S REPUBLIC OF CHINA

2.Consignee
Carters Trading Company, LLC
P.O.Box8935,New Terminal, Lata. Vista, Ottawa, Canada

3.Means of transport and route
From Nanjing to Toronto On Sep 10, 2004 By Vessel.

5.For certifying authority use only

4.Country / region of destination
Canada

Choice	6.Marks and numbers	7.Number and kind of packages; Description of goods	8.H.S.Code	9.Quantity	10.Number and date of invoices
	CANNED SWEET CORN CANADA C/NO.1-800 MADE IN CHINA	800 CARTONS (EIGHT HUNDRED CARTONS ONLY) OF CANNED SWEET CORN 3060Gx6TINS/CTN	20058000	800CARTON	STINV000001 Aug 20, 2004

[添 加] [修 改] [删 除]

SAY TOTAL: EIGHT HUNDRED CARTONS ONLY

11.Declaration by the exporter
The undersigned hereby declares that the above details and statements are correct, that all the goods were produced in China and that they comply with the Rules of Origin of the People's Republic of China.

Place and date, signature and stamp of authorized signatory

12.Certification
It is hereby certified that the declaration by the exporter is correct.

Place and date, signature and stamp of certifying authority

④ 运输方式和路线(Means of transport and route):此栏填写运输方式(海运、空运等)、启运港和目的地(目的港),应注意与提单等其他单据保持一致。如需中途转运,也应注明。

⑤ 目的地国(地区)(Country/region of destination):货物最终运抵目的地的国家、地区或港口,一般应与最终收货人或最终目的地港的国家或地区一致,不能填写中间商国别。

⑥ 仅供签证机构使用(For certifying authority use only):为签证机构使用栏,正常情况下,出口公司应将此栏留空,由签证机构根据需要在此加注。例如:证书更改,证书丢失,重新补发,声明×××号证书作废等内容。

⑦ 运输标志(Marks and numbers):也称唛头,此栏内容应与合同、信用证或其他单据所列的同类内容完全一致,可以是图案、文字或号码。如无运输标志,要填"No Mark"或"N/M"。

⑧ 包装种类和件数、货物描述(Number and kind of packages; Description of goods):填写商品的数量、包装种类及商品名称与描述。应依照买卖合同中的相关内容填写。

⑨ 海关协调制度编码(H. S. Code):商品的 H. S. 编码,即《商品分类和编码协调制度》为不同类的商品加列的商检顺序号。

⑩ 量值(Quantity):填写计算单价时使用的数量和计量单位,应与买卖合同或其他单据所列的同类内容完全一致。

⑪ 发票号和发票日期(Number and date of invoices):必须与商业发票的同类内容完全一致,为避免月份、日期的误解,月份一律用英文表示。

⑫ 包装总数大写(SAY TOTAL):以文字(大写)写出该笔货物的总包装数。如:SAY FIFTY CARTONS ONLY。

⑬ 出口方声明(Declaration by the exporter):此栏为出口方声明、签字盖章栏。申请单位在签证机构办理登记注册手续时,必须对手签人签字与公章进行登记注册。申报日期不得早于开发票日期和申请日期。

⑭ 签证机构证明(Certification):所申请的证书,经签证机构审核人员审核无误后,由授权的签证人在此栏手签姓名并加盖签证机构印章,注明签署地点、日期。

(2) 普惠制原产地证书(FORM A):普惠制原产地证明书又称 G. S. P 证书、FORM A 证书。普惠制原产地证明书是发展中国家向发达国家出口货物,按照联合国贸发会议规定的统一格式而填制的一种证明货物原产地的文件,又是给惠国(进口国)给予优惠关税待遇或免税的凭证。凡享受普惠制规定的关税减免者,必须提供普惠制原产地证明书。我国普惠制原产地证书如表 5-2 所示。

表 5-2 普惠制原产地证书

ORIGINAL

2. Goods consigned from (Exporter's business name, address, country)

GRAND WESTERN FOODS CORP.
Room2501,Jiafa Mansion, Beijing West Road, Nanjing 210005, P.R.China

1. Reference No. STGSP000001

GENERALIZED SYSTEM OF PREFERENCES
CERTIFICATE OF ORIGIN
(Combined declaration and certificate)

FORM A

Issued in **THE PEOPLE'S REPUBLIC OF CHINA**
(country)

3. Goods consigned to (Consignee's name, address, country)

Carters Trading Company, LLC
P.O.Box8935,New Terminal, Lata. Vista, Ottawa, Canada

4. Means of transport and route (as far as known)

From Nanjing to Toronto On Sep,10, 2004 By Vessel.

5. For official use

Choice	6. Item number	7. Marks and numbers of packages	8. Number and kind of packages; Description of goods	9. Origin criterion (see Notes overleaf)	10. Gross weight or other quantity	11. Number and date of invoices
○	1	CANNED SWEET CORN CANADA C/NO.1-800 MADE IN CHINA	800 CARTONS (EIGHT HUNDRED CARTONS ONLY) OF CANNED SWEET CORN 3060Gx6TINS/CTN	"P"	16156.8KGS	STINV000001 Aug,20, 2004

[添 加][修 改][删 除]

12. Declaration by the exporter

It is hereby certified, on the basis of control carried out, that the declaration by the exporter is correct.

Place and date, signature and stamp of certifying authority

13. Certification

The undersigned hereby declares that the above details and statements are correct, that all the goods were

produced in **CHINA**
(country)

and that they comply with the origin requirements specified for those goods in the Generalized System of Preferences for goods exported to

Place and date, signature and stamp of authorized signatory

① 证书号码(Reference No.):填写签证当局编号的证书号码。在 SimTrade 中,该号码由系统自动产生。

② 发货人(出口商名称、地址、国家)(Goods consigned from...)：按实际情况详细填写。在属信用证项下，应与规定的受益人名址、国别一致。需注意的是，本栏目的最后一个单词必须是国家名。如为第三方发货，须与提单发货人一致。

③ 收货人(收货人名称、地址、国别)(Goods consigned to...)：填写实际给惠国的最终目的地收货人名址、国别，不得填中间商的名址。信用证无其他规定时，收货人一般就是开证申请人。

④ 运输方式和路线(Means of transport and route)：此栏尽发货人所知，填写运输方式(海运、空运等)、启运港和目的地(目的港)，应注意与其他单据保持一致。如需中途转运，也应注明。

⑤ 供官方使用(For official use)：由进出口检验机构填注。正常情况下，出口公司应将此栏留空。检验机构主要在两种情况下填注：一是后补证书，则加盖"ISSUED RETROSPECTIVELY"(后发)的红色印章；二是原证丢失，该证系补签，则此栏要加盖"DUPLICATE"并声明原证作废。

⑥ 项目编号(Item number)：填列商品项目，有几项则填几项。如果只有单项商品，仍要列明项目"1"；如果商品品名有多项，则必须按"1，2，3，…"分行列出。

⑦ 唛头及包装号码(Marks and numbers of packages)：应注意与买卖合同、发票、提单、保险单等单据保持一致(对应合同中的"Shipping Mark"栏)。即使没有唛头，也应注明"N/M"，不得留空。如唛头内容过多，可填在第七、八、九栏的空白处，或另加附页，只需打上原证号，并由签证机关授权人员手签和加盖签证章。

⑧ 包装种类和件数、货物描述(Number and kind of packages; Description of goods)：填写商品的数量、包装种类及商品名称与描述，应与信用证和其他单据保持一致。

⑨ 原产地标准(Origin criterion)：填写货物原料的成分比例。此栏用字最少，但却是国外海关审证的核心项目。对含有进口成分的商品，因情况复杂，国外要求严格，极易弄错而造成退证，故应认真审核。一般规定说明如下：

- "P"：完全自产，无进口成分，使用"P"。
- "W"：含有进口成分，但符合原产地标准，填"W"。
- "F"：对加拿大出口时，含进口成分占产品出厂价40%以内的，都使用"F"。
- 空白：出口到澳大利亚、新西兰的货物，此栏可留空不填。

在SimTrade中，货物都属完全自产的，无进口成分，此栏填"P"(注意填写时需加引号)。

⑩ 毛重或其他数量(Gross weight or other quantity)：与运输单据的总毛重或数量相同，应分别列明毛重数值与计量单位。如：1500 KGS。

注意:此栏应以商品的正常计量单位填,如“只、件、匹、双、台、打”等。以重量计算的则填毛重;只有净重的,填净重亦可,但必须注明“N. W.”(NET WEIGHT)。

⑪ 发票号和发票日期(Number and date of invoice):与商业发票的同类内容完全一致。

注意:此栏不得留空,为避免月份、日期的误解,月份一律用英文表示,发票内容必须与证书所列内容和货物完全相符。

⑫ 出口商声明(Declaration by the exporter):出口商声明、签字、盖章栏。出口商的声明进口国横线上填写的国名一定要填正确。进口国一般与最终收货人或目的港的国别一致。如果难于确定,以第三栏目的港国别为准。凡货物运往欧盟15国范围内,进口国不明确时,进口国可填“E. U.”;申请单位的手签人员应在此栏签字,加盖中、英文对照的印章,填写申报地点、时间。如:“BEIJING CHINA SEP. 22,2000”。

⑬检验检疫机构的签证证明(Certification):此栏由签发此证的检验检疫机构盖章、授权人手签,并填列出证日期和地点。

注意:此栏日期不得早于发票日期(第十栏),不得迟于签证机构签发日期(第十一栏);在证书正本和所有副本上盖章时避免覆盖进口国名称和手签人姓名;国名应是正式的和全称的。

(3) 区域性经济集团国家原产地证书:这种证书是订有区域性贸易协定的经济集团内的国家享受互惠的、减免关税的凭证。与中国相关的目前主要有《〈中国—东盟自由贸易区〉优惠原产地证明书》(FORM E)、《〈亚太贸易协定〉原产地证明书》(FORM B)、《〈中国与巴基斯坦优惠贸易安排〉优惠原产地证明书》(FORM P)、《〈中国—智利自贸区〉原产地证书》(FORM F)等。区域优惠原产地证书是具有法律效力的,在协定成员国之间就特定产品享受互惠减免关税待遇的官方凭证。

(4) 专用原产地证书:这种证书是国际组织和国家根据政策和贸易措施的特殊需要,针对某一特殊行业的特定产品规定的原产地证书。主要有输往欧盟蘑菇罐头原产地证明书、烟草真实性证明书等。

2. 汇票。

汇票是出票人签发的,要求受票人在见票时或在指定的日期无条件支付一定金额给其指定的受款人的书面命令。国际贸易中一般是出口商出票,托收项下进口商一般是付款人,而信用证一般以开证行为付款人(要看信用证里的具体要求),付款人的不同体现出商业信用和银行信用的不同。

汇票名称一般使用 Bill of Exchange(简称 B/E)、Exchange、Draft,一般已印

妥。英国的票据法没有汇票必须注名称的规定。汇票一般为一式两份，均为正本，第一联、第二联在法律上无区别。其中一联生效即已获得付款或承兑，则另一联自动作废。港澳地区一次寄单可只出一联。为防止单据可能在邮寄途中遗失造成的麻烦，一般远洋单据都按两次邮寄。汇票如表5-3所示。

表5-3　汇票

BILL OF EXCHANGE

No. STDFT000001　　　　Dated 2004-08-30

Exchange for USD　11200

At ----　　　Sight of this　FIRST　of Exchange

(Second of exchange being unpaid)

Pay to the Order of Nanjing Commercial Bank

the sum of U.S.DOLLARS NINE THOUSAND SIX HUNDRED ONLY

Drawn under L/C No. STLCN000001　　　　Dated 2004-08-20

Issued by THE CHARTERED BANK

To Carters Trading Company, LLC
P.O.Box8935,New Terminal, Lata. Vista, Ottawa,
Canada

GRAND WESTERN FOODS CORP.

(Authorized Signature)

(1) 汇票号码(No.)：由出票人自行编号填入，一般使用发票号兼作汇票的编号。在国际贸易结算单证中，商业发票是所有单据的核心，以商业发票的号码作为汇票的编号，表明本汇票属第×××号发票项下。实务操作中，银行也接受此栏是空白的汇票。在SimTrade中，该编号由系统自动生成。

(2) 出票日期(Dated)：填写汇票出具的日期。

(3) 汇票金额(Exchange for)：此处要用小写数字(Amount in Figures)标明。填写小写金额，一般要求汇票金额使用货币缩写和用阿拉伯数字表示金额小写数字。例如：USD1234.00。大小写金额均应端正地填写在虚线格内，不得涂改，且大小写数值要一致。除非信用证另有规定，汇票金额不得超过信用证金额，而且汇票金额应与发票金额一致，汇票币别必须与信用证规定和发票所使用的币别一致。在SimTrade中，注意应分别将币别和金额填在两条横线上。

(4) 付款期限(at... sight...)：一般可分为即期付款和远期付款两类。即期付款只需在汇票固定格式栏内打上“at sight”。若已印有“at sight”，则可不填。若已印有“at ____ sight”，应在横线上打“————”。远期付款一般有四种：

① 见票后××天付款，填上“at ×× days after sight”，即以付款人见票承兑

日为起算日，××天后到期付款。

② 出票后××天付款，填上“at ×× days after date”，即以汇票出票日为起算日，××天后到期付款，将汇票上印就的“sight”画掉。

③ 提单日后××天付款，填上“at ×× days after B/L”，即付款人以提单签发日为起算日，××天后到期付款。将汇票上印就的“sight”画掉。

④ 某指定日期付款，指定××年××月××日为付款日。例如“On 25th Feb. 1998”，汇票上印就的“sight”应画掉。这种汇票称为“定期付款汇票”或“远期汇票”。托收方式的汇票付款期限，如 D/P 即期者，填“D/P at sight”；D/P 远期者，填“D/P at ×× days Sight”；D/A 远期者，填“D/A at ×× days Sight”。

(5) 受款人(Pay to the Order of)：也称“抬头人”或“抬头”。在信用证方式下通常为出口地银行。汇票的抬头人通常有三种写法：

① 指示性抬头(Demonstrative order)。例如：“付××公司或其指定人”(Pay ×× Co., or order; pay to the order of ×× Co.)。

② 限制性抬头(Restrictive order)。例如：“仅付××公司”(Pay ×× Co. only)或“付××公司，不准流通”(Pay ×× Co. Not negotiable)。

③ 持票人或来人抬头(Payable to bearer)。例如：“付给来人”(Pay to bearer)。这种抬头的汇票无须持票人背书即可转让。

在我国对外贸易中，指示性抬头使用较多，在信用证业务中要按照信用证规定填写。若来证规定“由中国银行指定”或来证对汇票受款人未规定，此应填上“Pay to the order of Bank of China”(由中国银行指定)；若来证规定“由开证行指定”，此栏应填上“Pay to the order of ×× Bank”(开证行名称)。

(6) 汇票金额(the sum of)：要用大写文字(Amount in words)标明。填大写金额，先填写货币全称，再填写金额的数目文字，句尾加“only”相当于中文的“整”字。例如：UNITED STATES DOLLARS ONE THOUSAND TWO HUNDRED AND THIRTY FOUR ONLY. 大小写金额均应端正地填写在虚线格内，不得涂改，且必须与汇票的小写金额一致。除非信用证另有规定，汇票金额不得超过信用证金额，而且汇票金额应与发票金额一致，汇票币别必须与信用证规定和发票所使用的币别一致。

(7) 信用证号码(L/C No.)：填写信用证的准确号码，如果不是信用证方式，则不填。

(8) 开证日期(Dated)：填写信用证的准确开证日期，而非出具汇票的日期，如非信用证方式则不填。

(9) 付款人(Issued by)：信用证方式下通常为进口地开证银行。根据

《UCP600》规定，信用证方式的汇票以开证行或其指定银行为付款人，不应以申请人为汇票的付款人。如果信用证要求以申请人为汇票的付款人，银行将视该汇票为一份附加的单据；而如果信用证未规定付款人的名称，汇票付款人亦应填开证行名称。

在信用证业务中，汇票付款人是按信用证“draw on ××”、“draft on ××”或“drawee”确定。例如：“... available by beneficiary's draft(s) on applicant”条款表明，以开证申请人为付款人；又如：“... available by draft(s) drawn on us”条款表明，以开证行为付款人；再如：“drawn on yourselves/you”条款表明，以通知行为付款人。如非信用证方式，则填进口商名称。

(10) 被出票人(To)：被出票人名称和地址，通常为进口商。

(11) 右下方空白栏(Authorized Signature)：出票人，即出口商签字，填写公司名称。

三、实验步骤与具体操作

1. 出口商申请产地证。

(1) 添加“普惠制原产地证明书”进行填写。

(2) 填写完成后点“检查”，确认通过。

(3) 回到“业务中心”，点“检验机构”。

(4) 再点“申请产地证”，选择产地证类型为“普惠制原产地证明书”，点“确定”，完成产地证的申请。

2. 出口押汇。

(1) 添加“汇票”进行填写。

(2) 填写完成后点“检查”，确认通过。

(3) 回到“业务中心”，点“出口地银行”，选择“押汇”业务。

(4) 选中单据“商业发票”、“装箱单”、“普惠制产地证明书”、“货物运输保险单”(CIF 条件时)、“海运提单”、“汇票”前的复选框，点“押汇”，完成押汇手续的办理。

3. 出口地银行议付(如学生不安排模拟出口地银行，则跳过此步)。

(1) 收取单据已到达的通知邮件。

(2) 点“结汇单据”，选中合同 Contract01 前的单选钮，分别检查单据。

(3) 如检查无误，再点“送进口地银行”，同时系统自动议付货款。

4. 出口商结收货款。

(1) 收取出口地银行发来的可以结汇的通知邮件。

(2) 在“业务中心”里点“出口地银行”。

(3) 再点“结汇”，结收货款，同时银行签发“出口收汇核销专用联”，用以出口核销。

第二节 出口核销与退税

一、实验目的与要求

1. 掌握出口核销与退税的主要流程。

2. 制作核销单申请单与核销单。

3. 了解核销与退税的注意事项。

二、实验的主要内容

(一)出口核销

出口核销制度是我国自 1991 年 1 月 1 日起建立的,对企业出口、报关、收汇整个过程实行跟踪的监测管理制度,并于 1995 年 7 月对该项制度进行了改革。其主要目的是保证安全、及时收汇,提高出口收汇率,增加国家外汇收入,防止外汇资金的流失等。其主要控制内容是:外管局制发《核销单》,货物的发货人或代理人填写,海关凭此接受报关,外管局凭此核销。

根据《出口收汇核销管理办法及其实施细则》规定,出口收汇核销程序为:

1. 领单:出口企业提前到外汇管理部门领取出口收汇核销单。出口企业向外汇局申领核销单时,应当当场在每张核销单的"出口单位"栏内填写单位名称或者加盖单位名称章。核销单正式使用前加盖单位公章。

2. 报关:出口企业持在有效期内、加盖出口单位公章的核销单和相关单据办理报关手续。海关审核无误,在核销单和与核销单有相同编号的报关单上盖"验讫章"。

3. 送交存根:报关后,出口企业在规定期限(自报关之日起 60 天内)将核销单存根送回外汇管理局接受外汇管理部门对企业出口收汇情况的监督。

4. 收汇:货物出口后,出口企业将海关退给的核销单、报关单和有关单据送交银行收汇,银行向出口企业出具结汇水单或收账通知,并在结汇水单或收账通知上填写有关核销单编号。

5. 核销:出口企业凭出口收汇核销单和出口收汇核销专用联的结汇水单或收账通知及其他规定的单据,在收到外汇之日起 30 天内到国家外汇管理部门办理核销手续。国家外汇管理部门按规定办理核销后,在核销单上加盖"已核销"章,并将其中的出口退税专用联退还给出口企业作为日后退税依据。

办理核销时，主要需要提交核销单申请登记表、出口收汇核销单、出口货物报关单、出口商业发票等单据。

（二）出口退税

出口退税（Export Rebates）是指对出口商品已征收的国内税部分或全部退还给出口商的一种措施，其目的是使本国产品以不含税成本进入国际市场，与国外产品在同等条件下进行竞争，从而增强竞争能力，扩大出口创汇。出口退税的一般程序为：

1. 申办退税登记：出口企业取得工商行政管理部门核发的工商登记后于30日内申办出口企业退税登记。

2. 退税登记的申报和受理：出口企业凭工商登记证、出口批准文件填写退税登记表；填写完毕后，连同出口产品经营权批准文件、工商登记证明等证明资料一起报送税务机关，税务机关经审核无误后，即受理登记。

3. 核发出口退税登记证：税务机关受理登记后，经审核无误并按规定的程序批准后，核发给企业"出口退税登记"。

4. 退税：货物出口收汇后企业持核销单、报关单、收汇水单、出口发票、增值税发票等到税务机关退税。

退税时一般需提交核销单（出口退税）专用联、出口货物报关单、出口收汇水单、出口商业发票、增值税发票等单据。

（三）出口收汇相关单据的内容和缮制

1. 出口收汇核销单，具体格式和操作见85页。

2. 出口收汇核销单送审登记表见表5-4。

表 5-4　出口收汇核销单送审登记表

出口单位：宏昌国际股份有限公司　　　　送审日期：2004 年 10 月 12 日

核销单编号	发票编号	商品大类	国别地区	贸易方式	结算方式	报关日期	货款			收汇核销金额
							币别	报关金额	FOB金额	
STECA000001	STINV0000(	食品	Canada	一般贸易	L/C	2004-09-10	USD	11200	7509.58	[USD][11200]

第一联　外汇局留存

出口单位填表人：刘铭华　　　　外汇局审核人：

(1) 出口单位:请填出口单位中文名称。

(2) 核销单、发票编号:请参照单据列表中的相应编号填写出口收汇核销单编号与商业发票编号。

(3) 商品大类:这一栏填写商品所属类别而非商品名称,可在商品详细资料中查到,如“食品”。

(4) 国别地区:为进口国名,如“Canada”。

(5) 贸易方式:成交的方式,如一般贸易、来料加工、补偿贸易等。在SimTrade中,货物的贸易方式都为“一般贸易”。

(6) 结算方式:即出口货物的发货人或其代理人收结外汇的方式,本栏目应按海关规定的《结汇方式代码表》选择填报相应的结汇方式名称或代码。在SimTrade中,有四种结汇方式可用,它们在《结汇方式代码表》中对应的代码分别为:

① 结汇方式:电汇(T/T);代码:1。

② 结汇方式:付款交单(D/P);代码:4。

③ 结汇方式:承兑交单(D/A);代码:5。

④ 结汇方式:信用证(L/C);代码:6。

(7) 货款:币别与金额请依合同内容填报,如“USD126.80”,其中若合同非FOB方式,则需计算FOB金额。

(8) 收汇核销金额:依合同内容分别填入币别与金额。

三、实验步骤与具体操作

(一)出口核销

1. 添加“出口收汇核销单送审登记表”进行填写。

2. 填写完成后点“检查”,确认通过。

3. 回到“业务中心”,点“外管局”,选择“办理核销”业务。

4. 选中单据“商业发票”、“出口货物报关单”、“出口收汇核销单”、“出口收汇核销专用联”、“出口收汇核销单送审登记表”前的复选框,点“核销”,完成核销手续的办理。

5. 与此同时,外管局盖章后返还出口收汇核销单第三联,用以出口退税。

(二)出口退税

1. 点“国税局”,选择“退税”业务。

2. 选中单据“商业发票”、“出口货物报关单”、“出口收汇核销单(第三联)”前的复选框,点“退税”,完成退税手续的办理。

至此,出口商的工作就完成了。

第六章　进口通关、付汇与销售

当货物经过国际运输到达进口国时，进口方必须先办理货物进口通关，即向海关申报进口货物的情况，在办理完海关、商检、税务等相关手续、缴纳相应税费、通过海关和商检机构查验之后，货物方能进入进口国境内，进口商才能对货物进行加工、转卖等后续处理工作。

第一节　进口报检

一、实验目的与要求

1. 了解办理进口检验的流程。
2. 学会制作入境货物报检单。

二、实验的主要内容

按我国《商检法》规定，需法定检验的进口货物到岸后，进口企业须向卸货口岸或目的地商检机构办理登记。商检机构在报关单上加盖“已接受登记”印章，海关凭报关单上的印章验放。法定检验商品登记后，进口人在规定时间、地点持有关单据到商检机构报检，由商检机构检验。检验地点一般在合同约定地点进行，也可在卸货口岸、目的地或商检机构指定地点、收货人所在地检验。但卸货时如发现货物有残损短缺，进口企业则应及时向口岸商检机构申请检验，出具残损证书，以备索赔之用。

(一)进口报检的范围

进口报检并不是所有进口贸易的必经环节。在我国，凡列入法定检验的进出口商品和其他法律、法规规定必须经出入境检验检疫机构检验的进出口商品，属法定检验的范围，进口之时必须报检，其取得的检验证明是通关的必备单据，未取得检验证明或检验不合格的货物海关不予放行进入进口国。

《商检法》规定，部分情况下已列入法定检验的进出口商品可以申请免验。免验是对某些优质产品的一种鼓励措施，国家授权出入境检验检疫部门对符合规定的优质商品经过审查批准后，免予检验。

1. 申请人申请免验，应当具备以下条件。

(1) 申请免验的进出口商品生产企业，必须建立完善的质量保证体系；进口商品的生产企业应当经国家出入境检验检疫局认可或者有认证协议的有关机构实施考核，并获得其颁发的质量体系评审合格证书；出口商品的生产企业质量体系应经中国国家进出口企业认证机构认可委员会认可的质量体系评审机构评审，获得其颁发的生产企业质量体系评审合格证书。

(2) 申请免验的进出口商品质量应当长期稳定，出入境检验检疫机构检验合格率连续三年达到百分之百。

(3) 进口商品的中国用户或者出口商品的外国用户对申请免验的进出口商品没有质量异议。

2. 凡涉及安全、卫生和下列有特殊要求的进出口商品不能申请免验。

(1) 粮油食品、玩具、化妆品、电器等。

(2) 列入进口商品安全质量许可证管理的商品。

(3) 品质易发生变化的商品或者散装货物。

(4) 合同要求按照商品检验证书所列成分、含量计价结汇的商品。

(5) 用于进出口危险货物的包装容器。

(二)进口检验检疫的程序

进口检验检疫指的是进口商向检验检疫机构申报进口，在入境前或入境时向入境口岸、指定的或到达站的检验检疫机构办理报检手续，检验检疫机构对进口货物进行查验后，并就查验结果出具相应的检验证明。进口货物检验检疫的流程如图 6-1 所示。

(三)入境货物报检单的内容和缮制

进口报检这一环节主要涉及的单据是入境货物报检单，报检单是国家检验检疫部门根据检验检疫、鉴定工作的需要，为保证检验检疫工作规范化和程序化而设制的。它是报检人根据有关法律、行政法规或合同约定申请检验检疫机构对其某种货物实施检验检疫、鉴定意愿的书面凭证，它表明了申请人正式向检验检疫机构申请检验检疫、鉴定，以取得该批货物合法进口销售、使用的合法凭证。报检单同时也是检验检疫机构对出入境货物实施检验检疫的依据。

入境货物报检单所列各栏必须填写完整、准确、清晰，没有内容填写栏目以斜杠“/”表示，不得留空。我国入境货物报检单如表 6-1 所示。

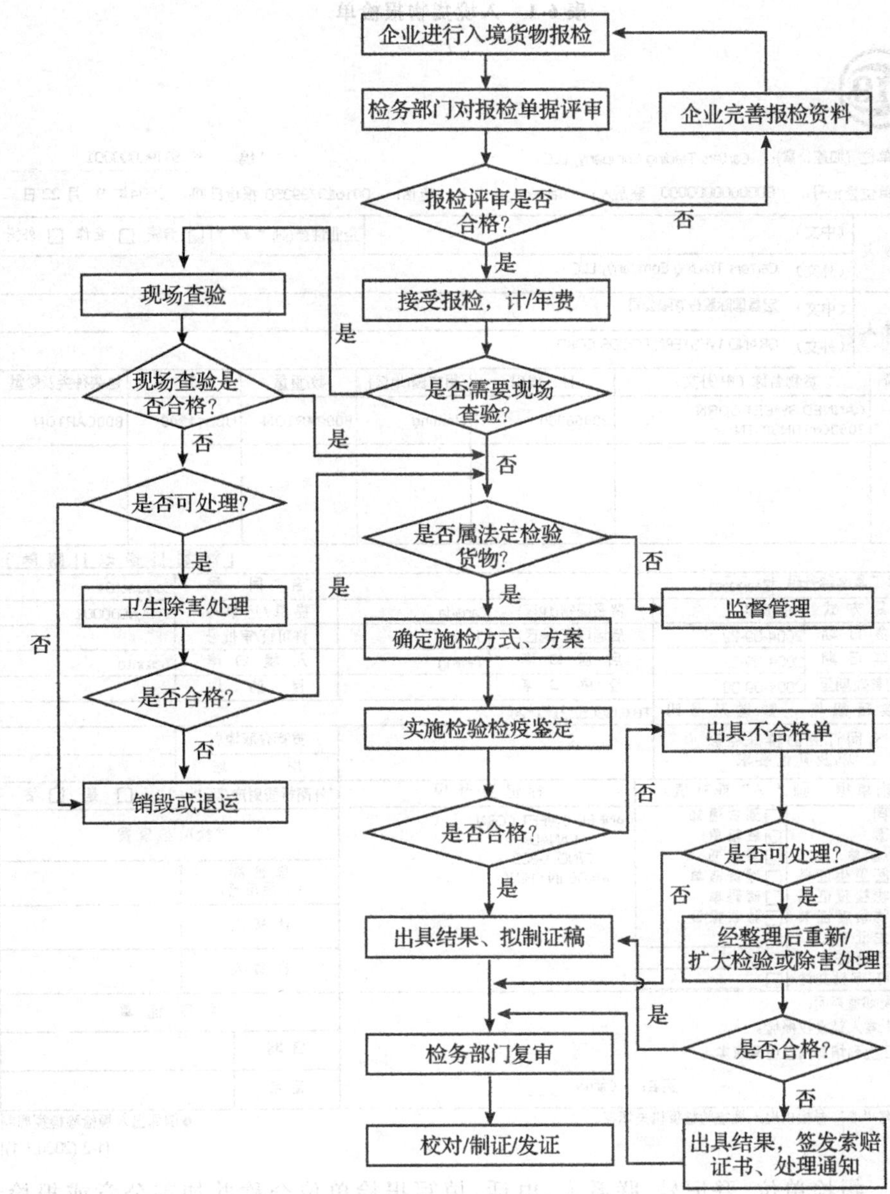

图 6-1　入境货物检验检疫、鉴定流程图

表 6-1　入境货物报检单

报检单位（加盖公章）：Carters Trading Company, LLC　　　　*编　号 STIPC000001

报检单位登记号：0000000000000　联系人：Carter　电话：001613789350　报检日期：2004年 9 月 22 日

收货人	（中文）	企业性质(画"√")	☑合资 □合作 □外资
	（外文）Carters Trading Company, LLC		
发货人	（中文）宏昌国际股份有限公司		
	（外文）GRAND WESTERN FOODS CORP.		

选择	货物名称（中/外文）	H.S.编码	原产国(地区)	数/重量	货物总值	包装种类及数量
○	CANNED SWEET CORN 3060Gx6TINS/CTN	20058000	Nanjing	800CARTON	USD11200	800CARTON

[添 加][修 改][删 除]

运输工具名称号码	Zaandam			合　同　号	Contract01
贸易方式	一般贸易	贸易国别(地区)	Canada	提单/运单号	STBLN000001
到货日期	2004-09-22	启运国家(地区)	China	许可证/审批号	
卸毕日期	2004-09-22	启运口岸	Nanjing	入境口岸	Toronto
索赔有效期至	2004-09-30	经停口岸		目的地	
集装箱规格、数量及号码	TBXU3605231*1*20'				
合同订立的特殊条款以及其他要求				货物存放地点	
				用　途	

随附单据（画"√"或补填）		标记及号码	*外商投资财产(画"√")	□是 □否
☑合同	□到货通知	CANNED SWEET CORN CANADA C/NO.1-800 MADE IN CHINA	*检验检疫费	
☑发票	☑装箱单			
☑提/运单	□质保书		总金额（人民币元）	
□兽医卫生证书	□理货清单			
□植物检疫证书	□磅码单		计费人	
□动物检疫证书	□验收报告			
□卫生证书	□		收费人	
□原产地证	□			
□许可/审批文件	□			
报检人郑重声明： 1.本人被授权报检。 2.上列填写内容正确属实。 签名：Carter			领取证单	
			日期	
			签名	

注：有"*"号栏由出入境检验检疫机关填写。　　◆国家出入境检验检疫局制

[1-2 (2000.1.1)]

1. 报检单位、登记号、联系人、电话：填写报检单位全称并加盖公章或报检专用章，并准确填写本单位报检登记代码、联系人及电话；代理报检的应加盖代理报检机构在检验机构备案的印章。其中报检单位登记号即单位的海关代码，可在公司基本资料中查找。

2. 编号：本栏目由出入境检验检疫机关填写。

3. 报检日期：应在检验检疫机构受理报检日现场由报检人填写。

4. 收货人：填写合同上的买方或信用证的开证人，可只填英文。

5. 企业性质：根据收货人的性质勾选。

6. 发货人：填写合同上的卖方或信用证上的受益人，要求用中文、英文，填写时要一致。

7. 货物名称（中/外文）：按贸易合同或发票所列货物名称所对应国家检验检疫机构制定公布的《检验检疫商品目录》所列的货物名称填写。

8. H.S.编码：指货物对应的海关商品代码，填写8位数。在SimTrade中，海关编码请在商品基本资料中查找。

9. 原产国（地区）：指货物的原始的生产/加工的国家或地区的名称。

10. 数/重量：填写报检货物的数/重量（在SimTrade中的货物都以销售数量计），并注明计量单位，如：××××PC。注意该数量和计量单位既要与实际装运货物情况一致，又要与信用证要求一致。

11. 货物总值：按本批货物合同或报关单上所列的总值填写（以美元计），如同一报检单报检多批货物，需列明每批货物的总值。

注意：如申报货物总值与国内、国际市场价格有较大差异，检验检疫机构保留核价权力。

12. 包装种类及数量：指本批货物运输包装的种类及件数。比如“370 CARTON”。

13. 运输工具名称号码：填写货物实际装载的运输工具类别名称（如船、飞机、货柜车、火车等）及运输工具编号（船名、飞机航班号、车牌号码、火车车次）。请在出口商发来的装船通知中查找。

14. 合同号：指贸易双方就本批货物而签订的书面贸易合同编号。

15. 贸易方式：成交的方式，如果是一般贸易、三来一补、边境贸易、进料加工或其他贸易，通常都为一般贸易。

16. 贸易国别（地区）：指本批货物贸易的国家或地区，即进口国。

17. 提单/运单号：指本批货物对应的提单/运单号的编号。

18. 到货日期：按货物到货通知单所列的日期填写。

19. 启运国家（地区）：指装运本批货物进境的交通工具的启运国家（地区），即出口国。

20. 许可证/审批号：对国家出入境检验检疫局已实施《进口商品质量许可证制度目录》下的货物和卫生注册、检疫、环保许可制度管理的货物，报检时填写安全质量许可编号或审批单编号，一般商品可空白。

21. 卸毕日期：按货物实际卸毕的日期填写。在货物还未卸毕前报检的，可暂不填写，待卸毕后再填写。

22. 启运口岸：指本批货物进境的交通工具的启运口岸名称。

23. 入境口岸：指装运本批货物的交通工具进境时首次停靠的口岸名称。

24. 索赔有效期至：按合同规定的日期填写，特别要注明截止日期。

25. 经停口岸：指本批货物在启运后，到达目的地前中途停靠的口岸名称。

26. 目的地：指本批货物预定最后抵达的交货港(地)。

27. 集装箱规格、数量及号码：填写装载本批货物的集装箱规格(如40′等)以及分别对应的数量和集装箱号码全称，可参照“配舱通知”。若集装箱太多，可用附单形式填报。

28. 合同订立的特殊条款以及其他要求：指贸易合同中双方对本批货物特别约定而订立的质量、卫生等条款和报检单位对本批货物的检验检疫有其他特别的要求。

29. 货物存放地点：指本批货物卸货时存放的仓储位置，在SimTrade中可不填。

30. 用途：指本批货物的用途，如食用、观赏或演艺、实验、药用、饲用、加工等，一般用途明确的商品也可不填。

31. 随附单据：按实际向检验检疫机构提供的单据，在对应的“□”打“√”，通常合同、发票、提/运单、装箱单等单据是必须提交的。

32. 标记及号码：按货物实际运输包标记填写，如没有标记，填写“N/M”，标记填写不下时可用附页填写。

33. 检验检疫费：此栏目由出入境检验检疫机关填写。

34. 报检人郑重声明：必须有报检人的亲笔签名。

35. 领取证单：应在检验检疫机构受理报验日现场由报验人填写。

三、实验步骤与具体操作

1. 换提货单。

点“业务中心”里的“船公司”，再点“换提货单”。

2. 准备相应单据。

(1) 添加“入境货物报检单”进行填写。

(2) 填写完成后点“检查”，确认通过。

3. 报检。

(1) 回到“业务中心”，点“检验机构”，选择“申请报检”业务。

(2) 选择单据“销货合同”、“商业发票”、“装箱单”、“提货单”、“入境货物报检单”,点“报检”。

(3) 报检完成后,检验机构签发“入境货物通关单”,凭此报关。

第二节　进口报关与提货

一、实验目的与要求

1. 了解办理进口报关与提货的流程。
2. 学会制作进口货物报关单。

二、实验的主要内容

(一)进口报关的内容和流程

进口报关指进口货物的收货人或其代理人向海关交验有关单证,办理进口货物申报手续。报关时,收货人应填写“进口货物报关单”,向海关提交提货单、发票、包装单、进口货物许可证。海关在接受申报后,对进口货物进行实际核对查验,如货物符合国家进口规定,在收货人交纳关税后,在货运单上签字盖章放行。收货人持此单提取进口货物。

1. 申报。

报关企业向海关申报时应采用电子数据报关单形式和纸质报关单形式。目前,随着技术的不断发展和更新,主要以电子数据报关单形式向海关申报,在向未使用海关信息化管理系统作业的海关申报时,报关企业可以采用纸质报关单申报形式。向海关申报时,除提交进出口货物报关单外,还应提交合同、发票、装箱清单、载货清单(舱单)、提(运)单、代理报关授权委托协议、进出口许可证件、海关要求的加工贸易手册(纸质或电子数据的)及其他进出口有关单证。

2. 海关审单。

目前,海关对申报的电子报关单数据实行集中审单制度。海关审单中心收到报关单电子数据,通过计算机系统对报关企业及报关员进行资格认证后,开始进入计算机自动审核程序。报关单电子数据通过规范性审核的,计算机自动接受申报。

专业化审单,又称人工审单,是以商品分类为基础,依靠各职能部门提供的支持和自身的专业化优势,借助信息化作业平台,对经电子审单环节分拨到审单中心和审单中心自主决定审核的报关单电子数据进行人工专业化审核的作业过程。

3. 接单审核。

报关单通过电子审核或专业化审核后，收发货人即可备齐相关的纸质单证到现场海关接单环节交单。接单岗位关员对收发货人提交的书面报关单及其随附单证进行单单相符审核和单机核对，即审核随附单证内容与报关单填制内容是否相符；审核报关单电子数据与纸质报关单填制内容是否相符。

4. 税费征收。

征收税费环节关员对报关单、随附单证及货物查验结果审核无误后，打印、签发各类税费专用缴款书。进出口货物收发货人持海关签发的税费专用缴款书到银行缴纳税费，并将银行的缴款回执交还海关。

5. 通关作业流程(如图 6-2)。

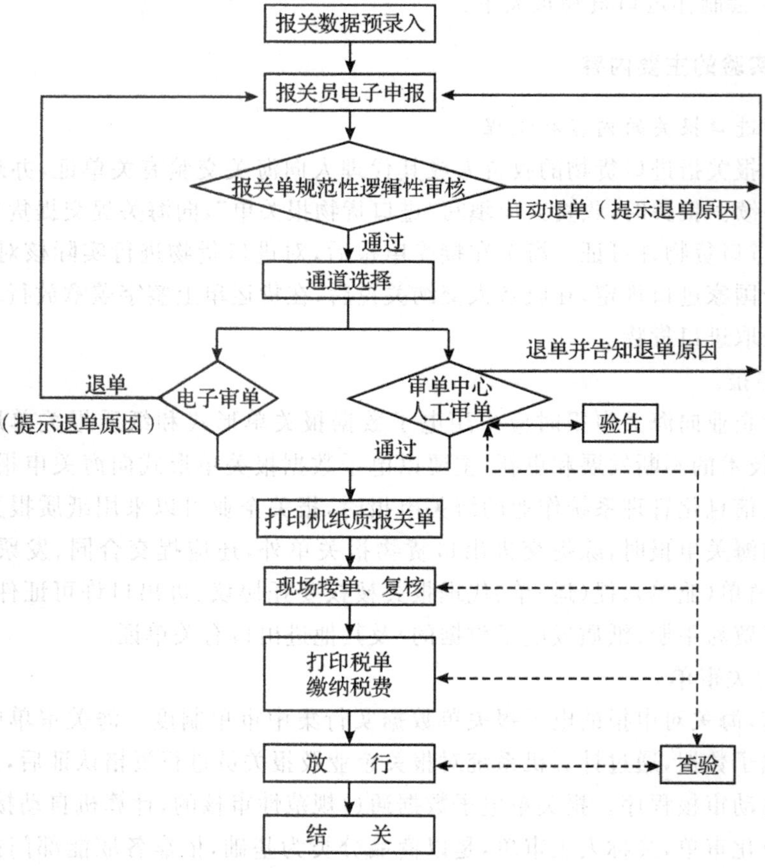

图 6-2　通关作业流程图

(二)进口货物的提货

进口货物到港后,船公司向进口商发出到货通知。进口货物卸货由港方负责。卸货时,进口商会同港方仔细核对货物,如发现短缺,填写"短卸报告"交船方签字;如发现残损,则应将货存放于海关指定仓库,通知保险公司、商检局等有关单位进行检验,确定残损原因、程度及索赔对象,凭商检机构出具的检验或鉴定证书,向国外有关责任方提出索赔。

进口商办理好进口报关手续后,即可凭海关盖有放行章的提单到港口码头办理提货手续。

(三)进口货物报关单的内容和缮制

向海关申报时,必须提交进口货物报关单,此外还应提交合同、发票、装箱清单、载货清单(舱单)、提(运)单、代理报关授权委托协议、进口许可证件、海关要求的《加工贸易手册》(纸质或电子数据的)及其他进口有关单证。

进口货物报关单是进口单位向海关提供审核进口货物是否合法的凭据,也是海关据以征税的主要凭证,同时还作为国家法定统计资料的重要来源。所以,进口单位要如实填写,不得虚报、瞒报、拒报和迟报,更不得伪造、篡改。我国进口货物报关单如表 6-2 所示。

1. 预录入编号:指预录入单位预录入报关单的编号,用于申报单位与海关之间引用其申报后尚未接受申报的报关单(在 SimTrade 中可以不填)。预录入编号由接受申报的海关决定编号规则。报关单录入凭单的编号规则由申报单位自行决定。

2. 海关编号:指海关接受申报时给予报关单的编号,应标志在报关单的每一联上。此栏报关单位不用填写。

3. 进口口岸:指货物实际进我国关境口岸海关的名称,如:TORONTO PORT。本栏目应根据货物实际进出关境的口岸海关填报《关区代码表》中相应的口岸海关名称及代码。

进口转关运输货物应填报货物进境地海关名称及代码。按转关运输方式监管的跨关区深加工结转货物,进口报关单填报转入地海关名称及代码。

4. 备案号:指进出口企业在海关办理加工贸易合同备案或征、减、免税审批备案等手续时,海关给予的有关备案审批文件的编号。无备案审批文件的报关单,本栏目免予填报。此栏目具体填报要求同出口报关单。在 SimTrade 中,货物进出口不属加工贸易类,无备案审批文件,因此本栏可免予填报。

5. 进口日期:指运载所申报货物的运输工具申报进境的日期。本栏目填报的日期必须与相应的运输工具进境日期一致,具体填报要求同出口报关单。

表 6-2　进口货物报关单

预录入编号：012004516-1　　　　海关编号：

进口口岸 Toronto Port	备案号		进口日期 2004-09-22		申报日期 2004-09-22
经营单位 Carters Trading Company, LLC, 0000000005	运输方式 江海运输	运输工具名称 Zaandam		提运单号 STBLN000001	
收货单位 Carters Trading Company, LLC, 0000000005	贸易方式 一般贸易		征免性质 一般征税		征税比例
许可证号	起运国（地区） China		装货港 Nanjing		境内目的地
批准文号	成交方式 CIF	运费 [USD] [3582]		保费 [USD] [108.4	杂费 [ ] [ ]
合同协议号 Contract01	件数 800	包装种类 CARTON		毛重(公斤) 16156.8	净重(公斤) 14688
集装箱号 TBXU3605231*1	随附单据 INVOICE,PACKING LIST				用途

标记唛码及备注

CANNED SWEET CORN
CANADA
C/NO.1-800
MADE IN CHINA

选择	项号	商品编号	商品名称、规格型号	数量及单位	原产国(地区)	单价	总价	币制	征免
○	1	01005	CANNED SWEET CORN3060Gx6TINS/CTN	800CARTON	Canada	14	11200	USD	一般征税

[添 加] [修 改] [删 除]

税费征收情况

录入员 录入单位	兹声明以上申报无讹并承担法律责任	海关审单批注及放行日期(签章)
报关员 Carter	申报单位（签章）	审单　　审价
单位地址 P.O.Box8935,New Terminal, Lata. Vista, Ottawa, Canada		征税　　统计
邮编　　电话 001-613-789350	填制日期 2004-09-22	查验　　放行

6. 申报日期：指海关接受进出口货物的收货人或受其委托的报关企业申请的日期。此栏目具体填报要求同出口报关单。

7. 经营单位：经营单位指对外签订并执行进出口贸易合同的本国境内企业、单位或个体工商户。本栏目应填报经营单位名称及经营单位编码。经营单位编码是经营单位在海关办理注册登记手续时，海关给予的注册登记10位编码。在SimTrade中该经营单位海关编码请公司在基本资料中查找。

8. 运输方式：指载运货物进出关境所使用的运输工具的分类，包括实际运输方式和海关规定的特殊运输方式。本栏目应根据实际运输方式按海关规定的《运输方式代码表》选择填报相应的运输方式，具体填报要求同出口报关单。在SimTrade中，货物统一通过江海方式运输，在《运输方式代码表》中对应的代码为"2"，因此，本栏可填"江海运输"或代码"2"。

9. 运输工具名称：指载运货物进出境的运输工具的名称或运输工具编号。本栏目填报内容应与运输部门向海关申报的载货清单所列相应内容一致。一份报关单只允许填报一个运输工具名称。具体填报要求同出口报关单中此栏的要求一致。在SimTrade中，运输工具名称即船舶名称，进口商可参照出口商在Shipping Advice中填写的船舶名称。

10. 提运单号：指进出口货物提单或运单的编号。本栏目填报的内容应与运输部门向海关申报的载货清单所列相应内容一致。一份报关单只允许填报一个提运单号，一票货物对应多个提运单时，应分单填报。具体填报要求同出口报关单中此栏的要求一致。

11. 收货单位：收货单位指已知的进口货物在境内的最终消费、使用单位，包括：

(1) 自行从境外进口货物的单位。

(2) 委托有外贸进出口经营权的企业进口货物的单位。

本栏目应填报收货单位的中文名称或其海关注册编码，同"经营单位"栏要求一致。加工贸易报关单的收、发货单位应与《加工贸易手册》的"货主单位"一致；减免税货物报关单的收、发货单位应与《征免税证明》的"申请单位"一致。

12. 贸易方式：本栏目应根据实际情况，并按海关规定的《贸易方式代码表》选择填报相应的贸易方式简称或代码。一份报关单只允许填报一种贸易方式。此栏目具体填报要求同出口报关单。在SimTrade中，货物进出口通常都为一般贸易，在《贸易方式代码表》中对应的代码为"0110"，因此本栏可填"一般贸易"或代码"0110"。

13. 征免性质：指海关对进出口货物实施征、减、免税管理的性质类别。此栏目具体填报要求同出口报关单。在 SimTrade 中，货物通常都适用于一般征税，在《征免性质代码表》中对应的代码为“101”，因此本栏可填“一般征税”或代码“101”。

14. 征税比例：仅用于“非对口合同进料加工”（代码“0715”）贸易方式下进口料件的进口报关单，填报海关规定的实际应征税比率，例如 5%填报“5”，15%填报“15”。一般报关单可以不填。

15. 许可证号：应申领进口许可证的货物，必须在此栏目填报外经贸部及其授权发证机关签发的进口货物许可证的编号，不得为空。一份报关单只允许填报一个许可证号。在 SimTrade 中本栏可以不填。

16. 起运国（地区）：起运国（地区）指进口货物直接运抵或者在运输中转国（地）未发生任何商业性交易的情况下运抵我国的起始发出的国家（地区）。对发生运输中转的货物，如中转地未发生任何商业性交易，则起运地不变，如中转地发生商业性交易，则以中转地作为起运国（地区）填报。本栏目应按海关规定的《国别（地区）代码表》选择填报相应的起运国（地区）中文名称或代码。无实际进境的，本栏目填报“中国”（代码“142”）。

17. 装货港：指进口货物在运抵我国关境前的最后一个境外装运港，即出口港。本栏目应根据实际情况按海关规定的《港口航线代码表》选择填报相应的港口中文名称或代码。无实际进境的，本栏目填报“中国境内”（代码“0142”）。

18. 境内目的地：指已知的进口货物在国内的消费、使用地或最终运抵地（在 SimTrade 中可以不填）。本栏目应根据进口货物的收货单位所属国内地区，并按海关规定的《国内地区代码表》选择填报相应的国内地区名称或代码。

19. 批准文号：本栏目用于填报《进口付汇核销单》编号。

20. 成交方式：本栏目应根据实际成交价格条款按海关规定的《成交方式代码表》选择填报相应的成交方式代码。无实际进境的，填报 CIF 价。在 SimTrade 中，有三种成交方式可用，在《成交方式代码表》中对应的代码分别为：

(1) 方式：CIF；代码：1。

(2) 方式：CFR；代码：2。

(3) 方式：FOB；代码：3。

21. 运费：本栏目用于成交价格中不包含运费的进口货物，应填报该份报关单所含全部货物的国际运输费用。可按运费单价、总价或运费率三种方式之一填报，同时注明运费标记，并按海关规定的《货币代码表》选择填报相应的币种代码。运保费合并计算的，运保费填报在本栏目。此栏目具体填报要求同出口报关单。在 SimTrade 中，本栏统一以运费总价填报，填写格式为：币种＋金额，如：USD1600.25。计算方法请参照在线帮助中“预算表的填写”。

22. 保费:本栏目用于成交价格中不包含保险费的进口货物,应填报该份报关单所含全部货物国际运输的保险费用。可按保险费总价或保险费率两种方式之一填报,同时注明保险费标记,并按海关规定的《货币代码表》选择填报相应的币种代码。运保费合并计算的,运保费填报在运费栏目中。此栏目具体填报要求同出口报关单。在 SimTrade 中,本栏统一以保险费总价填报,填写格式为:币种+金额,如:USD815.36。

23. 杂费:指成交价格以外的、应计入完税价格或应从完税价格中扣除的费用,如手续费、佣金、回扣等,可按杂费总价或杂费率两种方式之一填报,同时注明杂费标记,并按海关规定的《货币代码表》选择填报相应的币种代码。应计入完税价格的杂费填报为正值或正率,应从完税价格中扣除的杂费填报为负值或负率。此栏目具体填报要求同出口报关单。在 SimTrade 中,本栏统一以杂费总价填报,填写格式为:币种+金额,如:USD130.00。如没有可不填。

24. 合同协议号:本栏目应填报进(出)口货物合同(协议)的全部字头和号码。

25. 件数:本栏目应填报有外包装的进口货物的实际件数。特殊情况下填报要求如下:

(1) 舱单件数为集装箱(TEU)的,填报集装箱个数。

(2) 舱单件数为托盘的,填报托盘数。

本栏目不得填报为零,裸装货物填报为"1"。在 SimTrade 中,本栏应填入包装总件数。

26. 包装种类:本栏目应根据进口货物的实际外包装种类,按海关规定的《包装种类代码表》选择填报相应的包装种类代码。在 SimTrade 中,货物包装种类请在商品详细资料里查找,通常为"Carton"(纸箱)。

27. 毛重(公斤):指货物及其包装材料的重量之和。本栏目填报进口货物实际毛重,计量单位为公斤,不足1公斤的填报为1。

28. 净重(公斤):指货物的毛重减去外包装材料后的重量,即商品本身的实际重量。本栏目填报进口货物的实际净重,计量单位为公斤,不足1公斤的填报为"1"。

29. 集装箱号:集装箱号是在每个集装箱箱体两侧标示的全球唯一的编号。在 SimTrade 中可不填。本栏目用于填报和打印集装箱编号及数量。集装箱数量四舍五入填报整数,非集装箱货物填报为"0"。此栏目具体填报要求同出口报关单一致。

30. 随附单据:指随进口货物报关单一并向海关递交的单证或文件,合同、发票、装箱单、许可证等的必备的随附单证不在本栏目填报。此栏目具体填报要求同出口报关单。

31. 用途：应根据进口货物的实际用途按海关规定的《用途代码表》选择填报相应的用途代码，如"以产顶进"填报"13"。在 SimTrade 中，货物通常都用于自营内销，在《用途代码表》中对应的代码为"01"，因此本栏可填"外贸自营内销"或代码"01"。

32. 标记唛码及备注：与合同相关内容一致，请参照"Shipping Mark"栏。加工贸易结转类的报关单，应先办理进口报关，并将进口报关单号填入出口报关单的关联报关单号栏。

33. 项号：本栏目分两行填报及打印。第一行打印报关单中的商品排列序号；第二行专用于加工贸易等已备案的货物，填报和打印该项货物在《加工贸易手册》中的项号。此栏目具体填报要求同出口报关单。在 SimTrade 中，本栏请依序填列商品项目，有几项填几项。如果只有单项商品，仍要列明项目"1"；如果商品品名有多项，则必须按"1，2，3，…"分行列出。

34. 商品编号：指按海关规定的商品分类编码规则确定的进口货物的商品编号。加工贸易《登记手册》中商品编号与实际商品编号不符的，应按实际商品编号填报。在 SimTrade 中，本栏应与合同中的"Product No."项相一致。

海关编码，按《商品分类及编码协调制度》8 位数字填写，如皮革服装的 H. S. 编码为 42031000。在 SimTrade 中，海关编码请在商品基本资料中查找。

35. 商品名称、规格型号：本栏目分两行填报及打印。第一行打印进口货物规范的中文商品名称；第二行打印规格型号，必要时可加注原文。此栏目具体填报要求同出口报关单。

36. 数量及单位：指进口商品的实际数量及计量单位，如：9530PC。本栏目分三行填报及打印，具体填报要求同出口报关单。

37. 原产国(地区)：原产国(地区)指进出口货物的生产、开采或加工制造国家(地区)。本栏目应按海关规定的《国别(地区)代码表》选择填报相应的国家(地区)名称或代码。具体填报要求同出口报关单。

38. 单价：本栏目应填报同一项号下进口货物实际成交的商品单位价格。无实际成交价格的，本栏目填报货值。

39. 总价：本栏目应填报同一项号下进口货物实际成交的商品总价。海关估价时，应在 H2000 通关系统"海关总价"栏修改。无实际成交价格的，本栏目填报货值。

40. 币制：指进口货物实际成交价格的币种。本栏目应根据实际成交情况按海关规定的《货币代码表》选择填报相应的货币名称或代码，如《货币代码表》中无实际成交币种，需转换后填报。

41. 征免：指海关对进口货物进行征、减、免税或特案处理的实际操作方式。此栏目具体填报要求同出口报关单。在 SimTrade 中，货物通常都适用于一般征税，在《征免性质代码表》中对应的代码为“101”，因此，本栏可填“一般征税”或代码“101”。

42. 税费征收情况：本栏目供海关批注进口货物税费征收及减免情况。

43. 录入员：本栏目用于记录预录入操作人员的姓名并打印。

44. 录入单位：本栏目用于记录并打印电子数据报关单的录入单位名称。

45. 申报单位、报关员、单位地址、邮编、电话：本栏目指报关单左下方用于填报申报单位有关情况的总栏目。申报单位指对申报内容的真实性直接向海关负责的企业或单位。自理报关的，应填报进口货物的经营单位名称及代码；委托代理报关的，应填报经海关批准的专业或代理报关企业名称及代码。本栏目还包括报关单位地址、邮编和电话等分项目，由申报单位的报关员填报。

46. 填制日期：指报关单的填制日期。预录入和 EDI 报关单由计算机自动打印。此栏目具体填报要求同出口报关单。

47. 海关审单批注及放行日期（签章）：本栏目指供海关内部作业时签注的总栏目，由海关关员手工填写在预录入报关单上。其中“放行”栏填写海关对接受申报的进出口货物作出放行决定的日期。

三、实验步骤与具体操作

1. 准备相应单据。

(1) 添加“进口货物报关单”进行填写。

(2) 填写完成后点“检查”，确认通过。

2. 报关。

(1) 点“业务中心”里的“海关”，选择“报关”业务。

(2) 选择“销货合同”、“商业发票”、“装箱单”、“提货单”、“入境货物通关单”（不需进口检验的商品可免附）、“进口货物报关单”前的复选框，点“报关”。

(3) 完成报关后，海关加盖放行章后返还提货单与进口报关单。

3. 缴纳税款。

4. 领取货物。

第三节 进口付汇核销

一、实验目的与要求

1. 了解办理付汇核销的流程。

2. 学会制作进口付汇到货核销表。

二、实验的主要内容

(一)进口付汇核销的概念

进口付汇核销是以付汇的金额为标准,核对是否有相应的货物进口到国内或有其他证明抵冲付汇的一种事后管理措施。在我国,如果是贸易项下的进口付汇,均需向外汇管理局办理进口付汇核销手续。进口付汇核销监管遵循以下原则:

1. 贸易真实性原则。贸易进口付汇核销监管的根本目的,就是保证进口单位对外支付的贸易项下外汇资金都有真实的贸易背景。

2. 进口付汇人承担违规责任原则。进口付汇核销监管实行"合同签约人、付汇人、核销人三者一致"的原则,明确了进口付汇人必须负责落实所付外汇的贸易背景。

3. 属地管理原则。外汇局对所有的境内进口单位和银行均实行属地管理,辖内进口单位到外地银行付汇时,须经当地外汇管理部门备案,明确了异地购付汇的管理责任,杜绝了进口付汇管理中的"两张皮"行为,对代理进口付汇中出现的问题以及少数企业不正常的异地付汇起到了较好的预警作用。

(二)我国进口付汇核销的流程

1. 进口单位经商务部或其授权单位批准或备案取得进出口权,并取得中国电子口岸IC卡。

2. 进口单位持有关材料向注册所在地外汇局申请办理列入"对外付汇进口单位名录"。

3. 外汇局审核无误后,为进口单位办理"对外付汇进口单位名录"手续。

4. 进口单位付汇或开立信用证前,判断是否需到外汇局办理"进口付汇备案表"手续。如需要持有关材料则到外汇局办理进口付汇备案手续,领取进口付汇备案表;如不需要进口单位持有关材料则到外汇指定银行办理开证或购汇手续。

5. 进口单位在有关货物报关后一个月内到外汇局办理进口核销报审手续(货

到付款结算方式的进口付汇除外)。

(三)贸易进口付汇核销单据的内容和缮制

进口单位应持以下材料到外汇局办理进口核销报审手续(货到付款除外):正本进口货物报关单;进口付汇备案表(如需);贸易进口付汇到货核销表;贸易进口付汇核销单;报关单核查系统 IC 卡;外汇局要求的其他凭证;特殊情况下经核准付汇的,提供有关核准件;收汇凭证(退运、转口等项下)。

这里主要介绍进口付汇到货核销表。根据《进口付汇核销监管暂行办法》规定,进口单位应当在有关货物进口报关后一个月内向外汇局办理核销报审手续。

在办理核销报审时,对已到货的,进口单位应当如实填写《贸易进口付汇到货核销表》;对未到货的,填写《贸易进口付汇未到货核销表》。

在办理到货报审手续时,必须提供进口付汇到货核销表(一式两份,均为打印件并加盖公司章),如表 6-3 所示。表 6-3 的内容根据该月每笔业务的核销单汇总填写。

表 6-3　2004 年 9 月贸易进口付汇到货核销表

进口单位名称: Carters Trading Company, LLC　　进口单位编码: 00000005-8　　核销表编号: STICE000001

付汇情况								报关到货情况							
序号	核销单号	备案表号	付汇币种金额	付汇日期	结算方式	付汇银行名称	应到货日期	报关单号	到货企业名称	报关币种金额	报关日期	与付汇差额		凭报关单付汇	备注
												退汇	其他		
1	STICA00000		[USD][11200	2004-09-22	L/C	THE CHARTERED BANK	2004-09-22	STIAC00000	Carters Trading Company	[USD][11200]	2004-09-22				

付汇合计笔数: 1	付汇合计金额: [USD][11200]	到货报关合计笔数: 1	到货报关合计金额: [USD][11200]	退汇合计金额: [ ][ ]	凭报关单付汇合计金额: [ ][ ]
至本月累计笔数:	至本月累计金额: [ ][ ]	至本月累计笔数:	至本月累计金额: [ ][ ]	至本月累计金额: [ ][ ]	至本月累计金额: [ ][ ]

填表人: Carter　　负责人: Carter　　填表日期: 2004 年 9 月 22 日

第二联:进口单位留存　　本核销表内容无讹。

(四)不同结算方式下付汇的办理

信用证结算:进口单位凭进口合同、信用证开证申请书、信用证结算方式要求的有效商业单证、进口付汇备案表(或有)、进口许可证或登记表、进口证明(或有)以及委托代理协议(或有)到银行直接办理付汇手续。

托收结算:进口单位凭进口合同、付款通知单(D/A、D/P 单)、跟单托收结算方式要求的有效商业单据、许可证、登记表及进口证明(或有)、进口付汇备案表(或有)以及委托代理协议(或有)到银行直接办理付汇手续。

货到付款结算:进口单位凭进口合同、发票、正本进口报关单、提单、进口付汇核销单、许可证、登记表及进口证明(或有),各种不同贸易方式及运输方式对应的凭证单据、进口付汇备案表(或有)以及委托代理协议(或有)到银行直接办理。

预付货款结算:进口单位办理预付货款项下购付汇时,凭进口合同、进口付汇核销单及形式发票等相关单证直接到外汇指定银行办理。

三、实验步骤与具体操作

1. 准备相应单据。

(1) 添加“进口付汇到货核销表”进行填写。

(2) 填写完成后点“检查”,确认通过。

2. 付汇核销。

(1) 回到“业务中心”,点“外管局”,选择“付汇核销”业务。

(2) 选择单据“进口付汇核销单”、“进口货物报关单”、“进口付汇到货核销表”前的复选框,点“付汇核销”。

第四节 销　　货

一、实验目的与要求

了解市场上的价格变动,掌握销货时机。

二、实验的主要内容

进口商对于进口商品的处理通常有以下几种情形:

1. 将货物用于生产、加工。此时所进口的商品一般是作为原材料、零部件、半成品等进口的,进口商会将进口货物直接送到生产制造企业,待进一步加工后制成最终产品在市场上销售。

2. 进口商作为代理商进口商品,在进口的同时往往已经与进口国内的客户签订了国内货物买卖合同,货物到达后,进口商只需将货物移交给客户,并按预定的价格、数量收取货款即可,收取佣金或赚取差价。

3. 自行将货物在市场上售出,收回资金。进口货物时并没有明确的目标客户,进口商通常会在提货市场等待合适的时机、寻找满意的客户,以较高的价格将货物转卖出去。

三、实验步骤与具体操作

1. 点“业务中心”里的“市场”。

2. 再点“销货”，选择产品，点“确定”即可销售货物。

至此，进口商的工作就完成了。

参考文献

[1] 施米托夫. 出口贸易——国际贸易的法律与实务[M]. 北京：对外贸易出版社，1985.

[2] 吴百福. 进出口贸易实务教程[M]. 上海：上海人民出版社，2003.

[3] 黎孝先. 国际贸易实务[M]. 北京：对外经济贸易大学出版社，2000.

[4] 宫焕久，许源. 进出口业务教程[M]. 上海：上海人民出版社，2004.

[5] 姜宏. 国际贸易实务与综合模拟实训[M]. 北京：清华大学出版社，2008.

[6] 金镝. 国际贸易实务模拟操作教程[M]. 重庆：重庆大学出版社，2005.

[7] 陈翊. 进出口贸易模拟实训教程[M]. 上海：立信会计出版社，2007.

[8] 王芬，刘丽英. 进出口贸易实务模拟教程[M]. 上海：立信会计出版社，1998.

[9] 商务部网站：www. mofcom. gov. cn.

[10] 海关总署网站：www. customs. gov. cn.

[11] 国家质量监督检验总局网站：www. aqsiq. gov. cn.

[12] 黄敬阳. 国际货物运输保险[M]. 北京：对外经济贸易大学出版社，2005.

[13] 姚大伟. 国际贸易单证实务[M]. 北京：对外经济贸易大学出版社，2006.

[14] 王垂芳. 对外贸易单证实用手册[M]. 上海：上海科技教育出版社，1995.

[15] 耿伟. 出口贸易单证实务[M]. 北京：首都经济贸易大学出版社，2003.

[16] 顾民. 外贸制单与结汇[M]. 北京：对外经济贸易大学出版社，2003.

[17] 王燕. 国际结算理论与实务[M]. 上海：上海三联书店，2000.

[18] 郑俊田. 中国海关通关实务[M]. 北京：中国对外经济贸易出版社，2006.

[19] 陈文培. 外贸实务一本通[M]. 北京：中国海关出版社，2006.

[20] 刘耀威. 进出口商品的检验与检疫[M]. 北京：对外经济贸易大学出版社，2001.

[21] 胡正生. 外资企业进出口商品检验实用手册[M]. 北京：科学出版社，1999.

[22] 李晓洁. 国际贸易结算[M]. 上海：上海财经大学出版社，2003.

[23] 庄乐梅. 国际结算精要[M]. 北京：中国纺织出版社，2004.

[24] 沈薇贞.国际结算[M].上海:复旦大学出版社,2003.
[25] 谢娟娟.国际贸易单证实务与操作[M].北京:清华大学出版社,2007.
[26] 陈岩,刘玲.跟单信用证实务[M].北京:对外经济贸易大学出版社,2005.